느린 희망

Esperanza Lenta

유재현 온더로드 02

느린희망

초판 1쇄 발행 _ 2006년 7월 25일
2판 1쇄 발행 _ 2009년 8월 10일

글 · 사진 _ 유재현

펴낸이 _ 유재건 | 주간 _ 김현경
편집팀 _ 박순기, 박재은, 주승일, 박태하, 강혜진, 김혜미, 임유진 , 진승우, 박광수
마케팅팀 _ 이경훈, 정승연, 서현아 | 디자인팀 _ 이해림, 신성남
영업관리 _ 노수준, 이상원, 양수연

펴낸곳 _ (주) 그린비출판사 · 신고번호 제313-1990-32호
주 소 _ 서울시 마포구 동교동 201-18 달리빌딩 2층
전 화 _ 702-2717 · 702-4791 | 팩 스 _ 703-0272

ISBN 978-89-7682-107-2 03300
이 도서의 국립중앙도서관 출판시도서목록(CIP)은 e-CIP 홈페이지
(http://www.nl.go.kr/ecip)에서 이용하실 수 있습니다.(CIP제어번호: CIP2009002315)

그린비 출판사 나를 바꾸는 책, 세상을 바꾸는 책
홈페이지 www.greenbee.co.kr
전자우편 editor@greenbee.co.kr

유재현의 쿠바문화 리포트

느린 희망

Esperanza Lenta

지속가능한 사회를 향해 인간의 걸음으로 천천히

ㅎB
그린비

푸른 유니콘을 찾아서

나의 푸른 유니콘을 어제 잃어버렸어요.
Mi unicornio azul ayer se me perdió.

풀 뜯도록 두었는데, 사라져 버렸어요.
pastando lo dejé y desapareció.

누가 알려주면 좋겠네요.
Cualquier información bien la voy a pagar.

꽃들은 보았을 텐데
Las flores que dejó

통 입을 열려고 하지 않아요.
no me han querido hablar.

「나의 푸른 유니콘 Mi unicornio azul」 중에서 – 실비오 로드리게스 Silvio Rodriquez

빔 벤더스의 「부에나비스타 소셜클럽」의 한 장면에서처럼 대서양의 파도는 아바나의 방조제를 넘어 푸르고 흰 포말을 허공에 뿌리며 말레콘의 아스팔트 위를 적셨다. 거리에는 50년대 미국산 자동차들이 경적을 울리며 달렸고, 스페인과 미국의 식민지 시대를 추억하는 아바나의 건물들은 멋지게 무너져 내리고 있었다. 거리의 악사들은 기타 줄을 퉁기며 마라카스maracas를 흔들었다. 나이트클럽에서 악단이 차랑가를 연주하기 시작하자 사람들은 살사를 추었다. 이방인의 눈에 그 모든 것들은 독특하게 아름다웠고 말 그대로 더없이 이국적인 정취를 선물했다.

그러나 현실을 말한다면 거리의 악사들은 달러를 위해 연주했고 말레콘의 댄서들은 한 푼의 달러를 위해 중년의 유럽 관광객에게 춤을 팔았다. 무너지는 건물을 지탱하기 위해 아바나 비에하의 주민들은 발코니 밑에 통나무를 끼워야 했으며, 거리에서 사람들은 국영창고에서 훔쳐 온 분유와 부품을 팔았다. 큰 거리는 남루했고 좁은 거리는 더러웠으며 사람들은 빈한했고 물자는 부족했다. 아바나의 일상은 어떤 면에서 내가 그동안 접해 왔던 수많은 저개발국 도시의 일상과 다를 것이 없었다. 「부에나비스타 소셜클럽」이 다만 빔 벤더스의 사치스러운 유럽적 호기심에 불과했다는 것을 깨닫기 위해서는 오랜 시간이 필요하지 않았다. 그건 쿠바를 위해 변주된 오리엔탈리즘의 산물이었다.

그 한편에서 사람들은 여전히 모든 인간은 평등하다고 믿고 있었다. 학교와 병원의 문은 아이들과 아픈 사람들을 위해 열려 있었고 배급은 넉넉하지는 않았지만 공평했다. 90년대의 혹독했던 비상시기를 헤쳐 나오면서 사람들은 땅과 인간이 적대하지 않고 공존할 수 있는 지혜를 터득했고 생존을 위해 지속가능한 사회의 전범을 일구었다. 트랙터 대신 소들이 땅을 갈고 마차가 곡물을 운반했다. 화학비료 대신 유기비료를 사용했으며 바이오농약을 개발하고 도시는 스스로에게 식량을 공급했다. 화학과 화석 에너지가 사라진 들판의 흙 속에는 생명들이 돌아왔고 무시로 새들이 내려앉았다. 산들은 인간에게 등을 지는 대신 손을 내밀었다.

시장경제의 사회적 부재는 경쟁의 부재 또는 극적인 순화를 의미했다. 강한 자들과 약한 자들, 적합한 자들과 부적합한 자들은 모두 다윈의 사슬에 묶이기를 거부했다. 학교는 출세의 경쟁터가 아니었으며 단지 배움의 장이었다.

자본이 없으므로 누구도 축적하지 않았다. 시장이 없으므로 학교와 병원은 오직 공공의 논리와 복지의 논리에 의해서 운영되었다. 차별이 없으므로 흑인과 물라토, 백인은 그저 인간일 뿐이었다. 잔혹하게 인간의 뇌수를 적출하고 허리를 부러뜨리는 시장과 경쟁의 수레바퀴를 매달지 않은 체제는 인간의 걸음으로 천천히 움직였다.

90년대 위기 이후 등장한 이중경제는 이 모든 것들에 균열을 초래하고 있었다. 달러상점은 상품소비적 탐욕을 부추겼고, 자영업은 자본가는 아니어도 더 많이 가진 자들을 등장시켰다. 식량의 절대적인 공급부족에서 시작된 암시장이 이제는 욕망을 채우기 위한 수단으로 거리의 그늘 한구석을 차지했다. 중국의 시장사회주의는 경제 관료들과 학자들을 유혹하고 있었다. 위기와 극복, 부작용, 새로운 세계로의 가능성 모두가 그곳에 있었다. 그들의 미래는 우리들의 미래와 마찬가지로 불확실했다.

아바나를 떠나는 날 아침, 난 열흘 동안 머물렀던 콘술라도의 아파트 주인에게 작별인사를 건넸다.

"안녕히. 부디 당신들의 세계를 지켜 주세요."

그건 그를 위한 바람이 아니었다. 우린 푸른 유니콘을 잃어버렸다. 또 다른 세계로 우릴 인도할 유니콘을 찾기 위해 우린 꽃들에게 물어보아야 한다. 하지만, 이 세계의 꽃들이 모두 시들어 사라진다면 입을 열 꽃 또한 사라질 것이다.

가방을 짊어지고 나는 콘술라도 거리로 나섰다. 아침이었다. 일터로 향하는 사람들이 보도를 따라 걷고 있었다. 언제나처럼 그들은 천천히 걸었다. 나는 그들에게도 똑같은 인사를 건넸다. ……

…… 꽃들에게. 희망에게.

CUBA
유 재 현 의
쿠 바 여 행 경 로

미합중국
플로리다반도

아바나

라스
테라사스   마리엘
소로아   **아바나**   마탄사스   카르데나스
아로테미사   기네스   호베아노스
산 크리스타발   수르히데로   **마탄사스** 콜론
피나르 델 리오   드 바타바노   **비야**
비날레스   산타
아로요스   아파디
데 만투아 과네   **피나르 델 리오**   드 파사헤로스
산디노   **시엔푸에고스**
과나아카비베스 반도 라페   시에라
누에바 헤로나

라페   **시엔푸에고스**

후벤투드 섬

서쪽으로	동쪽으로	다시 서쪽으로
아바나(호세 마르티 공항) ➡ 피나르 델 리오 시 ➡ 비날레스 ➡ 산디노 ➡ 라페 ➡ 과나아카비베스 반도 ➡ 마리아 라 고르다 해변	라페 ➡ 소로아 ➡ 라스 테라사스 ➡ 사파타 반도 ➡ 코치노스 만 ➡ 기론 해변 ➡ 시엔푸에고스 ➡ 트리니다드 ➡ 상크티 스피리투스 ➡ 시에고 데 아빌라 ➡ 카마구에이 ➡ 라스 투나스 ➡ 바야모 ➡ 야라 ➡ 시에라 마에스트라 ➡ 산티아고 데 쿠바 ➡ 관타나모 ➡ 바라코아	바라코아 ➡모아 ➡ 올긴 ➡ 산타 클라라 ➡ 카르데나스 ➡ 마탄사스 ➡ 바라데로 ➡ 아바나 ➡ 마리엘 ➡ 아바나

총주행거리 : 약 3,451km |

바하마

모론
시에고 데 아빌라
시에고 데 아빌라

플로리다   누에비타스
카마구에이
카마구에이   푸에르토 파드레
라스 투나스   올긴   바네스
라스 투나스   올긴   안티아
아만시오   올긴
마야리   모아
바야모   바라코아
만사니오   그란마   관타나모
팔마 소리아노   관타나모
필론   시에라 마에스트라   산티아고 데 쿠바
산티아고 데 쿠바   관타나모
미 해군기지

아이티

자메이카

01
OCCIDENTE
서부지역

피나르 델 리오   아바나   마탄사스   비야 클라라

시에고 데 아빌라

카마구에이

라스 투나스

올긴

후벤투드 섬   시엔푸에고스   상크티 스피리투스

관타니

그란마

산티아고 데 쿠바

아바나

마리엘

라스
테라사스

소로아

아르테미사

비날레스   산 크리스타발

수르히데로
드 바타바소

피나르 델 리오

피나르 델 리오

아로요스
데 만투아

과네

파냐아카비베스 반도   산디노

라페

누에바 헤로나

라페

후벤투드 섬

쿠바라는 이름의 기원

1492년 10월 24일 콜럼버스가 처음으로 쿠바 섬에 상륙했을 때의 원주민은 타이노(Taíno)와 시보네이(Ciboney)였다. 타이노족은 농업을 주업으로 했고 시보네이족은 사냥을 주업으로 했다. 쿠바라는 이름은 타이노족의 말인 쿠바나칸(cubanacán)에서 유래한 것이다. 쿠바나칸은 중심지역(central place)이라는 의미를 갖고 있다.

쿠바의 서부는 피나르 델 리오Pinar del Río 지방 하나로 이루어져 있다. 역사적으로 발전에서 소외된 지역이었지만 현재는 비냘레스 계곡Valle de Viñales과 과나아카비베스 반도Península de Guanahacabibes 등 두 곳의 유네스코 지정 생물권 보전지역을 가진 생태지역으로 명성을 얻고 있으며, 쿠바에서 가장 좋은 담배를 생산하는 주산지이기도 하다.

피나르 델 리오 시를 끼고 흐르는 과마Guamá 강변의 소나무 숲에서 '강변의 숲 피나르 델 리오'이라는 이름이 유래되었다.

사스

카르데나스

호베야노스

마탄사스   콜론

아과다
드 파사헤로스

시엔푸에고스

시엔푸에고스

비야 클라라

산타 클라라

플라세타스

시에라 에스캄브라이

상크티 스피리투스

트리니다드

상크티 스피리투스

모론

시에고 데 아빌라

시에고 데 아빌라

플로리다

★비냘레스
Viñales

아바나에서 서쪽으로 180킬로미터 떨어진 비냘레스는 쿠바에서 가장 아름다운 비경을 자랑하는 지역이다. 융기형 카르스트 지형으로 비냘레스 벌판에 봉긋하게 솟아 있는 모고테(Mogote)는 중국의 구이린이나 베트남의 하롱베이를 연상시키면서도 전혀 다른 느낌을 준다. 화학으로부터 해방된 벌판의 농경지들과 사람들, 온전하게 보존된 주변의 독특한 지형은 유네스코가 지정한 세계문화유산 이상의 가치를 부여하고 있다. 현재 비냘레스 계곡은 생태관광에서 빼놓을 수 없는 방문지가 되어 있다.

소를 으를 때 우리 농부들은 이렇게 으른다. "워이, 워이."
쿠바의 농부들은 소를 으를 때 이렇게 을렀다.

"아레겁, 아레겁"

우리 농부들에 비하면 확실히 날카롭고 높은 소리였다. 쿠바 황소가 우리 황
소보다 훨씬 사납기 때문일 것이다. 비냘레스의 벌판에서 만난 소는 코뚜레
에 끈까지 매달려 있었지만 제 놈이 마치 투우인 양 착각을 하고 있었으니까.
농부가 밭을 갈 때에 소가 끄는 쟁기는 나무를 엇갈려 만든 쟁기판의 밑에 쟁
기날을 두어 개 붙인 꼴로 생겼다. 때문에 농부는 쟁기판에 올라타고 소를 몬
다. 아레겁. 아레겁.
그 뒤를 분주하게 따르는 것들이 있으니, 닭들이다. 수탉, 암탉, 큰닭, 중닭, 작
은닭 가릴 것 없이 모여든다. 땅이 살아 있기 때문이다. 뒤집어진 흙 속에서
는 온갖 벌레들이 꿈틀거리고 기회를 놓칠새라 모여든 닭들에게 밭은 훌륭
한 모이터인 것이다.

아하, 유기농이란 간단한 것이다. 논을 갈고 밭을 갈면 새와 닭들이 모이는
농사가 유기농이다.

난 이 허름한 농가가 왜 그토록 말끔하게 보였는지 쉽게 이해하지 못했다. 마치 높은 사람들이 시찰 나오기를 기다리고 있는 것처럼 집 안팎이 쓰레기 하나 없이 깨끗했다. 무슨 시골집이 이렇게 깨끗해? 그러곤 밭의 두렁들을 걸어가면서도 또 투덜거렸다. 시골이 왜 이렇게 사방으로 깨끗해? 도무지 농촌 같지 않았다. 생소하고 불편했다. 깨졌거나 멀쩡한 농약병들이 논두렁과 밭두렁 사이에 구르고, 찢어진 비닐과 포대 조각들이 바람에 펄럭이며, 때가 되면 물씬 농약냄새가 풍기는 그런 농촌에 너무도 오랫동안 익숙해져 있었다.

듬성듬성 밭들이 자리 잡은 벌판을 가로지를 때 바람이 불었다. 풀과 나무의 냄새들을 고스란히 보듬은 바람이었다. 그제야 난 뭔가를 깨달았는데 그건 산과 들과 전답들, 나무와 잡초와 밭의 작물들 사이에 경계가 없음, 말하자면 자연과 인간이 다툼 없이 친화하고 있다는 것이었다.

농가의 뒤뜰에 놓인 작업화에서 난 반 고흐의 「구두」를 떠올렸다. 그러나 헐어 버린 구두, 아니 작업화에서는 고흐의 뒤틀려 버린 절망의 냄새가 묻어 있지 않았다.

혹 이런 집을 꿈꾸십니까?

정오의 뜨거운 햇볕을 산 그림자가 막아 주는 위치에 자리를 잡았습니다. 소담한 초가지붕을 얹은 (통나무가 아닌) 널빤지 나무집. 옆 마당에는 태양 전지판이 서 있습니다. 집 안 한구석에는 25볼트 축전지가 4개가 있어 100볼트 전압을 만들어 주고, 전등 3개와 텔레비전 한 대에 필요한 전류를 흘리지요. 담 없는 앞마당을 보세요. 주변의 초지나 논두렁과 밭두렁에서 설렁설렁 자라던 화초를 옮겨 심었습니다. 산과 들, 태양과 바람 그리고 집이 하나가 되었습니다.

이런 집에서 살고 싶습니까? 쉽지 않은 일입니다.

냉장고도, 전화도, 인터넷 라인도 없는 이따위 집에서 일주일 이상은 버티지 못할 걸 알고 있기 때문입니다. 냉장고와 전기밥통을 쓸 수 있도록 태양 전지판을 늘리고 축전지의 용량을 늘려 주기를 바랄 것이고, 전화선과 ADSL라인을 원하겠지요. 덧붙여 자동차는 아니어도 오토바이 한 대를 바랄지도 모릅니다. 콜라 하나라도 사려면 10km 떨어진 비날레스 읍내로 나가야 하니까.

지속가능한 사회의 모델로서 쿠바에 대해 열심히 떠들었더니 누군가 재치 있는 반론을 제기했다. "지속가능한 후퇴 아니에요?" 허름한 건물, 남루한 옷차림, 그을린 얼굴, 물건 없는 상점을 예로 들지 않아도 90년대 이후 쿠바는 몹시 후퇴했다.

90년대 이전 쿠바는 소련과 동구권의 아낌없는 지원 덕에 대단위기계농업을 근간으로 에너지와 화학비료, 농약을 들이붓는 라틴아메리카 최고의 고투입농업 High Input Agriculture 국가였으며 그 점에서 미국과도 어깨를 겨루었다. 경제도 라틴아메리카에서는 수위권에 속했다.

그러니 묻건대, 후퇴하지 않고 지속가능한 사회가 될 수 있는 다른 어떤 방법이 있단 말인가? 지속불가능한 발전을 포기하지 않고서야 지속가능한 사회를 일굴 수 있는 어떤 방법이 있단 말인가?

비날레스의 산에는 로스 아쿠아티코스 Los Aquaticos 라 불리는 산山사람들이 산다. '물을 믿는다'는 뜻을 가진 그 사람들은 산에서 사는 산사람들이다.

혁명 전의 이야기이다. 가난이 등을 밀어 산으로 올라가야 했던 한 가족의 어머니. 어느 날 아이가 몹시 아파 품에 안고 산을 내려가 병원을 찾았다. 돈이 없어 병원에서 쫓겨났단다. 앓는 아이를 안고 어머니는 계곡을 가로지르고 암벽을 기어올라 영험하다는 소문이 나 있던 동굴을 찾았다. 동굴 속의 호수에 아이를 담그자 아이는 씻은 듯이 나았다. 그 뒤 산사람들은 물을 믿게 되었고 산에서 내려가지 않고 산 아래의 세상과 담을 쌓게 되었다. 이후로 사람들은 그들을 일컬어 로스 아쿠아티코스라 불렀다.

어느 날, 산 아래에 혁명이 일어났다. 아픈 아이를 병원에서 내쫓는 세상이 바뀌었다. 그래도 사람들은 산에서 내려가지 않았다. 미덥지가 않았던 것이거나, 어쩌면 산의 생활이 너무 익숙해 그걸 바꿀 수 없었을지도 모른다. 그들은 산 아래의 정부가 원하는 방식의 삶을 거부했고 오직 소금이 필요할 때에만 산을 내려갔다. 그들의 목덜미를 쥐어틀어 산 아래로 끌어내리지 않은 혁명에 대해서 나는 그것이 옳다고 생각한다.

73살의 엘루도시우 바리아(Eludosiu Baria) 할머니는 로스 아쿠아티코스에 남은 일곱 채의 집 중 하나를 지키고 있다. 산중턱을 다듬은 작은 집터의 앞마당에서는 아름다운 비날레스 계곡을 손바닥처럼 내려다볼 수 있었다. 태양 전지판과 축전지도 거부한 로스 아쿠아티코스의 사람들은 지금도 작은 중국제 등유호롱불로 어둠을 밝힌다.

비날레스의 오솔길에서 세 명의 초등학교 여자아이들이 배구놀이를 하고 있었다. 배구공은 돼지오줌보로 만들었다. 그 중 한 아이는 공놀이보다도 엉덩이의 바지솔기를 빼는 데에 더 정신이 없었다. 아이는 너무도 빨리 자라는데 슬프게도 바지는 아이를 따라 자라지 않는다. 그래도 밝은 웃음이 아이의 얼굴을 떠나지 않는 것은 근사하게 목이 긴 농구화를 신었기 때문일까.

비냘레스의 아침. 좀 게으름을 피웠거나 일이 있었던 사람들이 느지막이 보데가 Bodega, 국영배급소에 줄을 섰다. 기둥에 등을 기댄 할머니의 작은 망사가방에 들어 있는 것은 배급 책인 리브레타 Libreta이다. 쌀과 팥에서부터 치즈와 우유, 커피에 이르기까지를 정해진 물량만큼 배급받을 수 있다. 가끔씩 특별배급되는 품목도 있다. 최근에는 전기밥솥이 나왔단다.

"셔츠나 청바지. 뭐, 이런 건 안 줘."

"냉장고도 안 주잖아."

배급품목을 조사하고 있는데 옆자리의 노인이 궁시렁거린다.

"선풍기는 주나요?"

내가 물었다.

"까짓 선풍기야 어쩌다 줄 때가 있긴 하지."

노인은 여전히 궁시렁거렸다. 나는 메모지를 끄적이며 한국말로 중얼거렸다.

"우린요, 백날 가야 나라에서 쌀 한 톨 안 줘요. 오히려 우리가 나라에 줘요. 그걸 아셔야지."

보데가의 배급품목은 무상이 아니라 매우 싸게 가격이 매겨져 있다.
쌀의 예를 든다면 5파운드에 25센타보, 즉 2.27킬로그램에 10원 정도이다.
커피 142그램은 200원에 판매된다. 배급물량 이상을 구입할 때에는
배급가격보다 몹시 높은 값을 치러야 한다.

비냘레스 계곡의 이 사내, 방금 돼지 한 마리를 잡았다. 손에 들린 칼은 내가 지금까지 쿠바에서 본 어떤 칼보다도 훌륭한 칼이었다. 모두들 갈고 갈아 날이 패였거나 이빨이 빠진 칼들을 쓰고 있었다.

그날 목숨을 잃은 돼지는 이 칼로 산산이 분해되어 비냘레스의 보데가로 실려갔다. 얼마나 많은 사람들이 오늘과 내일 그리고 모레까지 동물성 단백질을 섭취할 수 있을 것인가. 돼지를 잡아야 할 이 사내에게 이토록 훌륭한 칼이 있다는 것은 얼마나 다행스러운 일인가.

뭐, 존 웨인이 따로 있나요.

비날레스 계곡의 어느 길에선가 불쑥 나타난 이 쿠바 청년을 보자 나는 문득 어린 시절 존 웨인의 기억을 떠올렸습니다.

그때 존 웨인은 정말 멋있었지요. 약간 구부정한 허리에 양손을 들어 허리춤의 쌍권총에 가까이 대고 악당들이 총을 뽑을 때까지 기다리지요. 그럼 결투는 벌써 끝난 것이에요. 빠빵. 총소리가 울려 퍼지고 악당들은 하나이건 둘이건 열이건 저마다 구차한 폼으로 널브러진단 말입니다. 그게 존 웨인이에요. 성냥개비처럼 시가를 질겅이며 가늘게 눈을 뜨고 좀 야비하게 껄떡거리는 클린트 이스트우드와는 애초에 격이 틀린 정의의 싸나이, 존 웨인.

낡은 운동모에 웃옷은 구멍이 뻥뻥 뚫어졌고 말의 털도 좀 기름기가 없는 데에다 고삐도 시원치 않지만 이 쿠바 젊은이, 존 웨인 분위기가 물씬하지 않아요. 뭐요? 그 말 타고 산에 올라가는 투어를 하라고? 얼마? 10컨버터블 페소 (약 10,000원)?

젠장, 원래 존 웨인이 그런 거시기한 인물이에요.

Tour Tip

비날레스 계곡에 도착하면 투어를 할 수 있다.
가장 인기 있는 것은 하이킹 투어인데 벌판을 가로질러 융기한 카르스트 지형이 만든 산인 모고테 (Mogote) 들을 오르는 것이다. 비날레스 읍내의 방문객 센터에서 접수를 받으며, 대략 11km를 걷는다.
비날레스 계곡의 환상적인 전망을 눈 아래 둘 수도 있고 담배밭을 구경하며 화학으로부터 완전히 자유로운 초지와 구릉을 산보할 수 있다.

1765년 증기기관을 발명했던 제임스 와트는 자신의 기계가 얼마나 큰 힘을 낼 수 있는지를 말의 힘으로 표시했다. 그 시대에는 광산에서 갱도에 고인 물을 말의 힘을 빌려 밖으로 퍼냈다. 1시간 동안 증기기관을 이용한 펌프로 퍼낼 수 있는 물의 양을 말과 비교했던 것이다. 이 마력 H.P., 馬力을 자동차의 힘을 나타내는 단위로도 쓰고 있다. 우리는 140마력인 중형승용차를 두고 마치 140마리의 말이 끄는 마차를 타고 있는 것과 마찬가지일 것이라는 착각을 한다. 그러나 말에게 8시간 동안 물을 퍼올리게 하면 8마력의 힘을 쓴 셈이다. 12시간이면 12마력이다. 1760년대에 광산에서 말을 얼마나 혹사시켰는지는 알 수 없지만 여하튼 증기기관의 판매상 제임스 와트의 노림수는 마력이라는 단위를 두고 사람들이 마력과 같은 수의 말을 기계로 대신하고 있다는 착각을 불러일으키게 하는 것이었다.

소의 힘은 어떨까? 우력 牛力이란 힘의 단위는 정의되어 있지 않다. 1990년대 중반 이후 쿠바에서는 38만 5천여 마리의 소가 4만 대의 트랙터를 대신하고 있다. 8시간 기준으로 하면 트랙터 한 대는 대략 1.2우력으로 칠 수 있다. 시중에서 판매되고 있는 소형 트랙터는 보통 50마력이다. 그만그만한 트랙터는 100~200마력. 좀 크다 싶은 것은 400~500마력을 넘긴다. 평균 100마력으로 치고 물을 퍼올리는 데에 소가 말과 비슷한 힘을 낼 수 있다고 가정하면 80배 이상의 차이가 난다.

소 한 마리의 힘이 80마력으로 계산되는 이 허무맹랑한 숫자놀음이 말해주고 있는 것은 지난 240년 동안 세상은 제임스 와트가 부린 허접한 마케팅에 놀아나고 있었다는 것이다. 그러는 동안 산업자본주의는 소와 말을 우리에 가두고 놀리면서 신나게 엔진과 석유를 팔고 쓰고, 전쟁까지 벌이며 세상을 망쳐 왔다. 생태주의자들에게 말하지만 태양열만 에너지가 아니다. 마력도 우력도 에너지이기는 마찬가지이다.

피나르 델 리오
Pinar del Río

피나르 델 리오의 '마리포사 오르가노포니코 Organopónicos Mariposa'는 꽃을 키우는 오르가노포니코입니다. 마리포사 쿠바의 국화 오르가노포니코에는 꽃 파는 처녀가 아니라 꽃 파는 총각이 있지요.

이름은 나도 모릅니다. 이 총각의 눈망울에 맺힌 화초를 보는 순간 이름 따위를 물어볼 생각은 떠오르지 않았어요. 아마 오르가노포니코의 판매대 뒤에 붙은 종이에 적힌 글귀를 본 다음이어서였기 때문일 겁니다. 이렇게 적혀 있었습니다.

현명한 당신. 알아두세요.
홀수 날에는 사랑을,
짝수 날에는 우정을.

꽃을 키우려면 모쪼록 이렇게 키우십시오.
인간을 대하려면 모쪼록 이렇게 대하십시오.
정치도 개혁도 혁명도 이렇게 하십시오.
그럼, 우린 더 나은 세계를 만들 수 있을 것입니다.

피나르 델 리오 시의 엘 비알 오르가노포니코의 알림판
쿠바의 도시 안팎에 자리 잡고 있는 오르가노포니코는 쿠바의 도시농업과 유기농업을 대표하고 있다. 90년대 식량난의 소산이기도 한 오르가노포니코는 주차장이나 공터와 같은 도시의 유휴지를 이용해 채소 등의 식량작물을 재배하기 시작함으로써 탄생했다. 도시농업과 유기농업의 선진적, 성공적 사례로 평가되고 있다.

오르가노포니코는 쿠바의 도시농업을 대표한다.

그러나 오르가노포니코가 명성만큼 특별한 농업형태는 아니다.

도시 안의 또는 근교의 공터를 활용한 농장일 뿐이다.

도시의 공터나 주차장이란 땅이 척박하고 지력이 약하므로 양육판 Raised bed 을 이용해 작물을 재배한다.

양육판이란 것도 벽돌이나 슬레이트, 경우에 따라서는 폐건자재를 쌓아 유기질의 흙을 담을 공간을 만든 것이다.

이게 뭐 그리 대단한 것이라고 그렇게들 떠들어댈까.

아마도 그 이유 중의 하나는 이런 것일 게다.

도시사람들아, 니들 먹을 것은 니들이 알아서 챙기도록 하여라.

90년대 이후 쿠바의 농업개혁을 관통한 원칙 중의 하나는 자급 Autoconsumo 의 원칙이었다. 다른 하나는 '인민을 땅과 함께 Vinculando el hombre con el area'였다.

도시는 개발과 계획, 투자와 투기의 이름으로 곳곳에 공휴지를 숨겨놓고 있다. 도시농업은 그 땅을 인민에게 돌려주는 농업이다. 우리가 잃을 것은 개발과 계획, 투자와 투기, 환경의 파괴, 땅의 물신화이며 얻을 것은 생산의 어머니인 땅과 녹색의 도시이다.

오르가노포니코에서 우리가 얻는 교훈은 바로 이것이다.

도시 안팎의 유휴지를 활용하는 오르가노포니코의 땅은 메마르고 척박해 농작물을 재배하기에는 지력이 낮다. 이 때문에 슬레이트, 벽돌 따위의 폐건자재를 활용한 양육판에 유기질 흙을 담고 분변토와 같은 유기비료를 사용하는 전형적인 유기농법으로 작물을 재배한다. 도시농업에는 오르가노포니코 외에도 다양한 형태들이 있다. 작은 텃밭, 뒤뜰, 대중농원 역시 도시농업에 포함된다. 집약텃밭은 유기비료를 쓰지만 양육판을 만들지 않고 직접 흙에 쓴다.

어쩔 수 없는 일이지만 피나르 델 리오에까지 와서 제대로 된 담배밭을 보지 못했다. 피나르 델 리오의 과마 Guama 강과 쿠아과테헤 Guyaguateje 강 사이의 지역을 가리키는 부엘타바호 Vueltabajo 는 쿠바에서 가장 좋은 담배를 생산하는 산지로 유명하다. 12월인 지금 담배밭은 이제 막 씨를 뿌렸거나 겨우 싹이 움터 있으니 허리춤까지 자란 담배에 흰색의 담배꽃이 올망졸망한 꼴은 머릿속으로도 그리기가 어렵다.

담배는 손이 많이 가는 작물로 대농장이 어렵다. 피나르 델 리오 지방의 담배밭은 그래서 대부분 신용서비스협동조합 CCS 이나 소규모생산자조합 CPA 과 같은 개인농 협동조합 소속이다.

페르난도 오르티스는 『담배와 설탕의 쿠바적 대위법』에서 '담배는 설탕보다 언제나 더 쿠바적이었다'고 쓰고 있다. 표를 보시라.

담 배	설 탕
토착적	외래적
어두운 색	밝은 색
야생적	문명적
개성적	일반적
남성적	여성적
장인(匠人)	대량생산
계절적 시간	기계적 시간
개인적	협동적
생산관계자	생산관계 독점
영농중산층	계급갈등 유발
형성토착	스페인
자유주의를 대표	절대주의 옹호
국가독립의 상징	외세개입
세계 전체가 시장	미국이 시장

우석균, 「페르난도 오르티스의 통문화론과 탈식민주의」 중에서

산디노 Sandino 는 쿠바의 가장 서쪽 끝에 위치한 도시이다.

변방의 도시인 셈이다. 60년대 쿠바는 이곳에 사람들을 이주시켜 도시를 만들었고 산디노라는 이름을 붙였다.

산디노!

니카라과의 유명한 좌익게릴라조직이었던 산디니스타 Sandinista 의 바로 그 산디노이다. 멕시코의 사파티스타 Zapatista 가 그 이름을 멕시코혁명의 농민지도자였던 에밀리아노 사파타 Emiliano Zapata 로부터 딴 것과 마찬가지로, 산디니스타 역시 니카라과의 게릴라전쟁에서의 영웅이었던 아우구스토 산디노 Augusto Sandino 로부터 그 이름을 빌려왔다.

1927~1933년 니카라과에서는 미국이 지원하는 몬카다 정권에 맞선 게릴라전쟁이 벌어졌고, 그 전쟁에서 미해병대와의 전투를 이끌었던 인물이 산디노였다. 산디노는 1934년 미국에서 훈련받은 소모사에 의해 암살되었고, 이렇게 시작한 소모사 독재정권은 1956년 아들 소모사에게로 이어지고 1979년 산디니스타의 혁명이 승리할 때까지 계속되었다.

★산디노
Sandino

피델 카스트로나 체 게바라와 같은 인물들에게도 영웅이었던 산디노는 이렇게 쿠바의 서쪽 변방도시의 이름이 되어 그 어느 길에선가의 벽화로 인사를 하고 있다.

내가 보았던 산디노의 사진과는 사뭇 다른 얼굴이다. 아마도 그림을 그린 화가의 얼굴과 닮았을 것이다. 대개 영웅의 얼굴이란 세월이 흐르면서 그렇게 조금씩 변하면서 어느 때인가는 민중의 얼굴이 되는 법이다. 백 년이 지나면 체 게바라의 얼굴도 사뭇 달라져 있을지도 모른다. 물론 그러기에는 너무 많은 체 게바라의 사진이 남아 있지만.

과나아카비베스 반도

과나아카비베스 반도는 쿠바에서 가장 서쪽에 자리 잡은 반도이다. 유네스코가 지정한 생물권보전지역 (Biosphere Reserve)이다. 반도 전체가 평탄한 지대이고 거친 석회암 해안이 이어지는 89킬로미터의 북쪽 해안과 108킬로미터의 남쪽 해안 사이에는 열대건조림(Tropical dry forest)과 초원, 맹그로브 습지가 끝없이 펼쳐져 있어 특이한 생태계를 이루고 있다. 식민지 시대 이후로 목재와 숯을 얻기 위한 남벌이 계속되어 황폐화의 길을 걷기도 했다. 2001년에는 보전지역 내 중요지역 일부가 국립공원으로 지정되었다.

과나아카비베스 반도
Península
de Guanahacabibes

과나아카비베스 반도의 코리엔테스 만(Bahia de Corientes)

서쪽으로 서쪽으로 달리면 쿠바의 서쪽 끝이 나온다.

라페 La Fé 는 쿠바의 서쪽 끝인 코리엔테스 만에 접한 작은 읍 정도 규모의 마을이다. 배꼽을 내놓은 아이 중 키가 큰 쪽인 유니아는 이 바닷가 옆에 살고 있다. 아빠인 라몬은 멀지 않은 중소도시인 산디노의 기술직업학교 선생이다. 라몬은 주말이면 작은 목선을 타고 바다낚시를 한다. 유니아 집 뒤뜰의 허름한 창고에는 구부리고 갈아 만든 낚시바늘과 역시 직접 짠 그물이 신주처럼 모셔져 있다.

"참 좋은 취미를 가지고 있군요."

50여 개에 달할 것처럼 보이는 낚시바늘을 보면서 내가 감탄을 금치 못했더니 그는 웃으면서 말했다.

"어떨 땐 200페소(약 8,000원)도 벌 때가 있거든요."

가외로 고기를 잡아 파는 것은 합법적이지 않다. 농민시장에서는 허가받지 않은 주체, 품목은 팔 수 없도록 되어 있다.

"아이도 있는데 월급 400페소로는 힘들지요."

듣고 있던 내가 그에게 넌지시 물었다.

"달러상점에서 뭔가를 사기는 어렵죠?"

"빌어먹을 일이네요."

나는 열심히 체제에 대한 불만을 선동했다. 그도 불만스럽다고 맞장구를 쳤다. 그러나 내가 너무 열심히 침을 튀겼는지 잠시 뒤에 그는 열심히 체제를 옹호하기 시작했다. 무상교육, 무상의료, 평등…… 그는 단언하기를 98퍼센트 이상의 쿠바인민이 쿠바사회주의에 대해 만족하고 있다고 말했다.

내참, 그럼 처음부터 불만을 늘어놓지 말던지. 나만 반편이 되었다.

★ 라페
La Fé

쿠바의 해안 대부분은 오랜 세월 파도와 바람과 싸우면서 침식을 거듭한 석회암으로 이루어져 있다. 구멍 천지에 뾰족하기가 칼과 같다. 행여 맨발로 걷다가는 피가 배이는 정도에서 그치지 않는다. 사람들은 이 바위에 '개의 이빨 diente de perro'이라는 별명을 붙였다.

쿠바의 서쪽 끝인 코리엔테스 만의 해변도 다를 것이 없었다. 허리케인이 바다 밑의 산호들과 조개들을 끌어올려 해변은 눈부시게 흰색으로 빛나지만 아래는 흉측한 검은색의 개의 이빨들이다. 카리브해의 태양과 백사장을 상상했던 사람들에게는 반갑지 않은 개의 이빨들이지만 그 수많은 구멍들에는 온통 생명들이 숨을 쉬고 있다. 해초와 소라, 성게, 이름 모를 조개들과 갑각류들. 구멍투성이의 바위들은 마치 갯벌과도 같았다. 개의 이빨은 그 속에서 숨 쉬는 생명들을 보호하는 파수꾼이었다. 백사장은 이 생명의 바위들과 비교한다면 죽음의 묘지였다.

코리엔테스 만의 해변도로 끝에는 흰모래가 좌악 깔린 천혜의 비치, 뚱뚱한 마리아 해변(Playa María la Gorda)과 리조트가 있다. 오래 전 코리엔테스 만에서 난파한 배의 승객이었던 마리아 아줌마가 이 해변에 선술집을 열었다. 인기 만점이어서 마리아 아줌마는 그럭저럭 끼니를 잇는 데에 어려움이 없었다고 한다. 그 뒤 사람들은 이 해변에 '뚱뚱한 마리아'란 이름을 붙였다. 뚱뚱한 마리아 리조트는 외국인만 투숙할 수 있다.

노,을,이,지,다. 라,페.
코리엔테스 만에는 아주 좁은 목이 있다.
라페는 그 목의 안쪽에 있어 앞바다가 마치 호수처럼 잔잔하다.
그래서인지 노을도 적막하게 하늘을 물들인다.

★마리엘
Mariel

카리브해도 대서양도 멕시코 만도 아닌 이 바다는 플로리다 해협으로 불린다. 160km 너머 플로리다 반도가 있다. 미국은 1962년의 '쿠바조정법'으로 불법으로 미국 땅을 밟은 쿠바인들에게 자유의 전사라는 이름을 붙여 영주권을 주었다. 불법이민자들에게 영주권을 부여하는 이 특별한 법은 오직 쿠바인에게만 적용되며 그것도 불법으로 입국해야만 효력을 발휘한다.

힘들고 어려울 때마다 해협을 건너려는 사람들이 생겼다. 그들 중 절반은 육지에 발을 딛기 전 해협의 거친 파도 아래 목숨을 잃어야 했다. 그들이 태어나고 자란 땅을 사랑하지 않은 것은 아니었을 것이다. 저 해협 너머 미국의 땅에는 560만 명의 한국인들이 살고 있다.

아바나 서쪽의 산업도시이기도 한 마리엘의 항구는 1980년 피델 카스트로가 '떠날 자는 모두 떠나라'라고 선언한 후 6개월 남짓 동안 12만 5천 명이 쿠바를 떠났던 바로 그 항구이다. 카스트로의 선언이 있은 직후 마이애미에서는 무수히 많은 보트들이 이 항구로 들어와 쿠바인들을 실어 날랐다. 미국은 그 보트들에 '자유의 소함대'란 이름을 붙였다. 3년 뒤 개봉한 브라이언 드 팔마의 영화 「스카페이스」는 마리엘 사건을 소재로 활용했다.

마리엘 만과 주거단지

생태환경
ECO-Environment

배급
Rationing

생태환경 ECO-Environment

쿠바의 생태와 환경은 스페인 식민지 시대 이후 지속적으로 파괴되어 왔다. 스페인 정복 (1519~1521) 전 95퍼센트를 웃돌던 산림률은 1812년에는 80퍼센트, 1900년에는 54퍼센트로 떨어졌고, 미국 식민지 시대에는 더욱 급속하게 황폐화되어 1959년 혁명 당시에는 13.4퍼센트에 불과했다. 사탕수수와 커피, 담배농장을 위해 숲이 사라졌고 빈곤한 농민들이 화전을 일구고 숯을 만들기 위해 숲을 희생했다.

혁명 이후 산림의 황폐화는 얼마간 역전되어 1997년에는 21.5퍼센트를 기록했다. 토지개혁, 빈곤의 척결, 경제적 성장 등이 영향을 미친 결과였지만 혁명 후 90년대에 이르기까지 쿠바가 생태와 환경에 대해 적극적인 관심을 기울였다는 증거는 없다. 오히려 농업분야에서는 사탕수수 단일경작 체제를 온존시켰고 소비에트식의 대단위 기계화 농업의 도입과 고투입농법으로 생태와 환경에 부정적인 영향을 끼쳤다.

사실 소련을 비롯한 현실사회주의국가들이 생태와 환경에 특별한 관심을 기울였다고 볼 수는 없다. 20세기 지구생태와 환경에 미친 부정적인 영향에는 사회주의국가 역시 동일하게 기여했다. 예컨대 러시아의 『침묵의 봄』으로 일컬어지는 저작에서 페시백과 프렌들리는 이렇게 적고 있다.

> "역사가들은 소련과 소련 공산주의에 대해 환경파괴범으로서 사형을 언도했다…… 어떤 산업문명도 그처럼 체계적으로, 그처럼 오랜 기간 동안 땅과 대기, 물 그리고 인간을 오염시키지 않았다." _ *Ecocide in the USSR*, Murray Feshbach & Alfred Friendly, 1992.

농업국가에 머물렀고 산업화의 정도가 낮았던 쿠바는 사정은 달랐지만 그렇다고 해서 특별한 대우를 받아야 하는 것은 아니다. 그러나 소련과 동구권의 몰락으로 쿠바의 생태와 환경은 일대 전환기에 접어들었다. 설탕을 수출하고 식량과 에너지, 기계, 화학제품 등을 수입해왔던 경제는 코메콘(COMECON)의 붕괴로 함께 몰락했다. 수출과 수입은 모두 곤두박질

쳤다. 1989년에서 1992년까지 원유 53퍼센트, 비료 77퍼센트, 농약 62퍼센트 이상, 사료 70퍼센트가 감소했다. 비상 시기가 선포된 후 농업개혁 등의 결과 에너지와 화학에 의존하지 않는 지속가능한 농업이 탄생했으며, 이는 생태와 환경에 있어서 축복과도 같았다.

생태와 환경에 대한 인식과 실천도 큰 변화를 겪었다. 1992년 브라질 리우데자네이루(Rio de Janeiro)에서 열린 1차 지구환경회의에서 한 카스트로의 발언은 그 신호탄이었다.

> "불평등한 무역, 보호주의, 외채가 생태를 공격하고 환경의 파괴를 조장하고 있다. 우리가 인류를 이 같은 자기파괴에서 구해내려 한다면 세계의 부와 기술을 더 많이 나누어야 한다. 일부 국가들은 덜 사치스럽고 덜 소비하는 것이 필요하다. 그럼으로 세계의 대다수가 덜 빈곤하고 덜 굶주리게 될 것이다. 제3세계는 더 이상 환경을 파괴하는 생활양식과 소비관습을 이전받기를 원하지 않는다. 인간의 삶을 보다 합리적으로 만들자. 정의로운 국제경제질서를 만들자. 모든 과학지식을 환경오염이 아닌 지속가능한 발전을 위해 사용하자. 외채가 아니라 생태에 진 빚을 갚자. 인류가 아니라 굶주림을 사라지게 하자."

카스트로의 연설은 지구의 생태, 환경 문제가 남북문제이며 빈곤과 굶주림의 문제라는 데에 크게 할애되었지만 쿠바 국내적으로도 큰 변화를 가져왔다. 1992년과 1998년에 '지속가능한 발전'이 헌법에 명시되었으며 리우 환경회의의 의제를 충족시키는 국가 환경개발 정책이 개발되었다. 관련 법안 역시 마련되었다. 식량생산, 축산, 에너지 등 각 분야에서 지속가능한 방법들이 연구개발되었으며 실천에 옮겨졌다.

화석연료가 아닌 대안에너지 개발이 활발하게 이루어졌다. 4천 3백만 톤의 사탕수수 바이오매스의 활용은 70만 톤의 원유를 대체하는 효과를 가져왔다. 태양 전지판의 보급이 확산되었다. 4만 대의 트랙터를 38만 5천 마리의 소가 대신했다. 동유럽식의 콘크리트 아파트 대신 환경친화적인 흙벽돌집의 보급이 추진되었다. 국가적 차원에서 이루어진 생태, 환경의 의식전환 및 실천은 정부기관, 연구기관, 학교, 지역, 대중조직 등의 적극적인 참여와 대중적 교육으로 이어졌다.

에너지난에도 불구하고 1998년 인민의회가 관타나모 주의 토아 - 도아바(Toa - Doaba) 수

력발전소 계획을 생태와 환경을 교란한다는 이유로 중단시킨 것은 생태와 환경에 있어서 쿠바의 현주소를 말해주고 있다.

쿠바는 현재 심층적 생태주의(Deep Ecology)를 가깝게 실현하고 있는 거의 유일한 국가로 손꼽히고 있다. 그러나 90년대 쿠바가 거둔 생태적 성과가 90년대 위기의 성과이자 소산이었음을 부정할 수는 없다. 성장과 발전을 빌미로, 쿠바가 그때까지 이룬 생태적 성과를 외면할 미래의 가능성에 대해서 많은 생태학자들이 부정하지 않고 있다. 일부 생태주의자들은 지속가능한 사회의 모델로서 쿠바의 모델을 보호해야 할 의무가 세계에 있다고 말하고 있다.

배급 Rationing

1959년 혁명 후 식량의 일부 품목에 대한 배급은 1961년경부터 실시되었지만 본격적으로는 1962년 3월 법제화와 함께 시작되어 전국적 배급시스템(Rationing System)이 구축되었다. 이에 따라 한 가구당 한 권의 배급 책(Libreta)이 지급되었다. 배급은 배급 책에 기록된 품목에 한해 이루어지며 품목당 배급량이 정해져 있다. 품목에 따라 배급간격은 각각 다르다. 배급품목은 국영 보데가(Bodegas) 또는 플라시타(Placitas)에서 공급한다. 플라시타는 보데가에 비해 규모가 작으며 주로 야채와 과일을 공급한다.

"식량배급이 이루어지는 배경은 식량생산 또는 공급이 제한적이기 때문이다. 1962년 배급시스템이 도입된 두 가지 요인은 임대료와 공공요금 등이 대폭 낮아지면서 식량 구매 욕구가 증가되었고 반면 식량생산은 토지개혁 등 식량생산체계의 급격한 변화로 감소되었기 때문이었다."_Overview of Cuba's Food Rationing System, José Alvarez, 2004

배급을 사회주의 체제의 이상적인 분배방식으로 보지 않음에도 불구하고 배급을 유지하고 있는 것은 식량자원의 효율적인 분배 때문이다.

"개발도상국에서는 인민이 수입의 70퍼센트를 식량의 구입에 지출하고 있다. 쿠바 역시 이런 사정에서 벗어나지 못하고 있다. 따라서 정부는 국내 생산과 세계시장에서의 식량구매에 있어 자원을 효율화하는 데에 우선순위를 두고 있다."_Rationing Has Saved Cubans from Undernourishment, Istvan Ojeda Bello, 2006

배급시스템은 식량자원의 분배에 있어서 압도적인 역할을 맡고 있다. 예컨대 국내에서 생산되거나 수입되는 쌀의 90퍼센트, 콩의 96퍼센트는 배급시스템을 통해 공급되고 있다. 비효율적

"일부 국가들은 덜 사치스럽고 덜 소비하는 것이 필요하다. …… 제3세계는 더 이상 환경을 파괴하는 생활양식과 소비관습을 이전받기를 원하지 않는다. 인간의 삶을 보다 합리적으로 만들자. 정의로운 국제경제질서를 만들자. 모든 과학지식을 환경오염이 아닌 지속가능한 발전을 위해 사용하자. 외채가 아니라 생태에 진 빚을 갚자. 인류가 아니라 굶주림을 사라지게 하자."

_1992년 리우 지구환경회의에서 한 카스트로의 연설 중에서

운영에 대한 지적이 없지 않음에도 불구하고 쿠바의 배급시스템은 동일한 경제적 수준의 국가에 비해 월등히 높은 국민적 영양수준을 가능하게 해왔다. 90년대 급격하게 낮아졌던 영양공급은 2004년 탄수화물 3,305Kcal, 단백질 85그램으로 위기 이전의 수준을 회복했다.(FAO, 국제연합식량농업기구)

식생활을 배급에만 의존하는 것은 아니다.
– 대다수의 직장인들은 점심을 직장에서 제공받는다.
– 학교에 다니는 아이들은 학교에서 점심을 제공받는다.
– 자영업 허가 이후 영업을 시작한 팔라다레에서 외식을 하기도 한다.

제한된 품목과 물량의 배급으로 필요한 식량을 충족할 수 있는 것은 아니다. 국영상점, 농민시장 등에서 나머지 식품을 구입한다. 배급되는 식량으로는 필요량의 2/3 정도를 충족한다.
4인 성인가족을 기준으로 했을 때 배급품목의 구입에 사용되는 금액은 140~160페소로 1인 평균급여의 70퍼센트 수준이다. 노동인구가 4인일 경우 18퍼센트 가량이 지출된다.

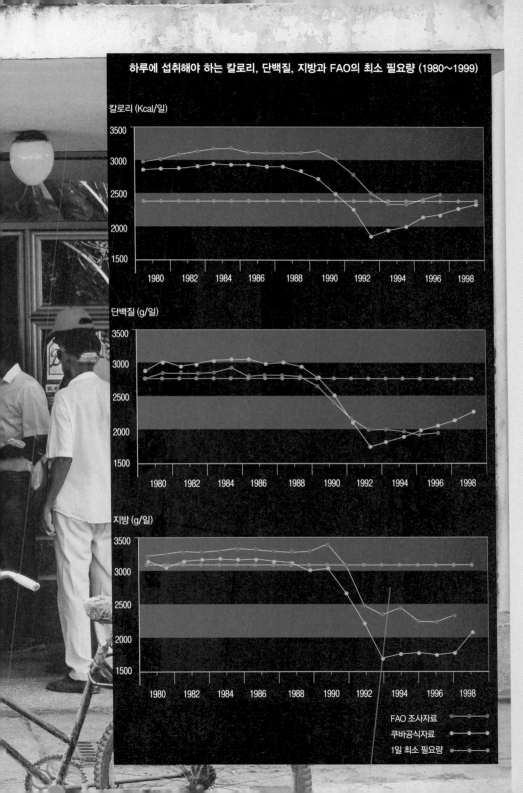

하루에 섭취해야 하는 칼로리, 단백질, 지방과 FAO의 최소 필요량 (1980~1999)

칼로리 (Kcal/일)

단백질 (g/일)

지방 (g/일)

FAO 조사자료
쿠바공식자료
1일 최소 필요량

02
CENTRO
중부지역

마탄사스Matanzas 주에서 카마구에이Camagüey 주에 이르는 넓은 쿠바의 중부에는 전형적인 농업지역이 펼쳐져 있으며 전통적인 사탕수수 재배지가 분포되어 있다. 식민지 시대 초기에 형성된 고도古都인 트리니다드Trinidad와 카마구에이, 그리고 쿠바혁명의 기념비적 도시인 산타 클라라가 방문객들의 발길이 빈번한 방문지이다. 동부의 시에라 마에스트라와 더불어 두번째로 험준한 산맥인 시에라 에스캄브라이는 쿠바혁명 전후 혁명과 반혁명이 격렬하게 충돌했던 지역이며, 마탄사스 주의 코치노스 만피그스 만은 혁명 직후 미국의 군사적 침공을 막아낸 혁명 유적지이다.

아바나
마탄사스
카르데나스
호베야노스
기네스
콜론
로사
마탄사스
비야 클라라
산타 클라라
아과다
드 파사헤로스
시엔푸에고스
플라세타스
모론
시에고 데 아빌라
시엔푸에고스
시에라 에스캄브라이
코치노스 만
상크티 스피리투스
시에고 데 아빌라
트리니다드
비야 클라라
플로리다
누에비타스
카마구에이
푸에르토 파드
라스 투나스
카마구에이
아만시오
라스 투나스
그란마
안사니오
필론
시에라 마

피나르 델 리오
아바나
마탄사스
비야 클라라
시에고 데 아빌라
카마구에이
라스 투나스
시엔푸에고스
올긴
후벤투드 섬
상크티 스피라투스
그란마
관타나모
산티아고 데 쿠바

동쪽을 향해 달리는 길

다시 아우토피스타가 시작하고 그 길의 어디에선가 양파와 마늘을 한 접씩 어깨에 짊어진 농부 또는 노점상을 만났다. 양파는 그렇다치고 마늘은 우리 것과 똑같다. 마늘은 중앙아시아가 원산이요, 양파는 페르시아가 원산이니 너희들 참 멀리도 왔구나. 이런 생각을 하면서 양파를 샀다. 양파를 썰어 아작아작 씹다 보면 그 매콤 쌉쌀한 맛이 김치 생각을 얼마간 덜어준다. 한데, 한 접을 언제 다 먹나? 사람 좋게 생긴 아저씨, 열 개만 끊어 주면 안 되나요? 양파줄기를 한데 묶어 엮은 접이라 풀기도 난망하다. 나도 모르겠다. 그냥 주셔요. 값은 3컨버터블 페소(약 3,000원).

차 안에 두었더니 십리도 못 가 머리가 어질어질할 정도로 향기가 짙다. '한국인 쿠바에서 운전 중 양파에 질식해 사망하다.' 해외토픽에 이렇게 실리는 것은 아닐까. 그리되면 양파건 마늘이건 도로변에서 개인이 파는 것은 불법이므로 결국은 범죄사건이로구나. 뒷자리의 양파를 꺼내 트렁크에 밀어넣었지만 별 효과가 없다. 며칠 동안 양파는 입도 대지 못하겠구나, 하는 생각이 들었다.

카리브해의 에메랄드 빛 바다. 만을 둘러싼 맹그로브 습지의 숲들이 수평선 위의 잔디처럼 보였다. 코치노스 만의 무심한 파도는 개의 이빨들에 부딪쳐 흰 포말을 뿌리고 정오의 태양이 삼켜 버린 해변은 불처럼 뜨거웠다. 바람조차 불지 않는 해변에서 45년 전의 흔적을 찾는다는 것은 불가능했다. 인간의 역사가 자연의 풍경 속에 살아남아 있을 수는 없다. 전투가 치열했던 해변의 초입 어딘가의 땅 속에 벌겋게 녹이 슨 총알 하나가 숨겨져 있을지도 모르지만 이 해변의 45년 전을 설명해 주지는 않는다. 인간의 역사를 자연에서 구하는 것처럼 잘못된 번지수가 없을지도 모르겠다. 해변은 아무것도 말해주지 않는다. 인간의 역사는 인간에게서 구해야 한다.

코치노스는 돼지들이란 뜻. 코치노스 만(Bahía de Cochinos)은 돼지들의 만. 영어로는 피그스 만(Bay of Pigs)이다. 1961년 4월 17일 CIA가 훈련시킨 1천 4백 명의 침공군이 코치노스 만의 기론 해변에 상륙했다. 미공군의 전투기와 함정이 가짜 표식을 매달거나 위조한 채 이 침공에 참여했다. 결과는 비참했다. 114명이 사살되었고 나머지 전원이 포로가 되었다. 침공 직전인 4월 14일 미공군의 폭격기가 쿠바공군의 표식을 매달고 공군기지들을 폭격했다. 4월 16일 카스트로는 쿠바혁명을 사회주의혁명으로 선언했다.

코치노스만
Bahía de Cochinos

오랫동안 쿠바의 대명사로 일컬어지던 사탕수수가 끝없이 펼쳐져 바람에 흔들리는 장관을 엿보기를 원한다면 시엔푸에고스가 제격이다. 80년대 이후 사탕수수 경작지가 크게 줄어든 후에도 시엔푸에고스는 마탄사스와 함께 사탕수수의 대표적인 주산지로 명맥을 이어가고 있다. 방문객의 주의를 끌 만한 것은 마땅치 않지만, 도로변을 따라 이어지는 농장들과 점점이 흩어져 있는 목축지들에서는 농업국가인 쿠바 농민들의 숨결을 느낄 수 있다.

시엔푸에고스
Cienfuegos

시엔푸에고스의 승리 UBPC 협동농장원들이
도로변에서 말린 벼의 포대를 트랙터에 싣고 있다.

1만 헥타르가 넘는 사탕수수 국영대농장이 1/10크기의 기초단위협동조합 UBPC, Unidad Básica de Producción Cooperativa으로 분화되고 재배작물 또한 다양해진 것은 1993년부터이다. 농장 하나에 소속된 협동조합원의 수는 대략 80~100여 명이다. UBPC는 국가로부터 토지를 무기한 임대하여 농사를 짓는다. 작물의 선택과 운영 등에 있어 협동농장은 자율성을 가진다. 농사에 필요한 자금이나 종자 등의 현물도 국가로부터 제공받을 수 있다. 예상 소출량의 80퍼센트는 국영기업이 수매하는 조건이다. 그 외의 잉여농산물은 수매가보다 높은 가격으로 농민시장에 판매할 수 있다. 초과달성한 생산량도 마찬가지이다. 이것이 이른바 물질적 인센티브이다. 교과서적으로 본다면 생산의 주체가 국가에서 협동조합으로 이전된 것은 생산수단의 국가적 소유에 있어서는 후퇴한 것이다. 그러나 생산의 민주화는 향상되었고 농민들은 땅과 그만큼 가까워졌다. 어느 편이 옳은 것인가.

시엔푸에고스 주를 벗어날 때쯤부터 사탕수수밭이 줄이어 나타나기 시작했다. 슬슬 해거름이 내리깔리고 벌판의 끝은 불그스레 물들기 시작했다.

나는 이곳에 무엇 하러 왔나? 사구성에 베개 높이 베고 누우려 왔지.
성 옆엔 오랜 고목, 밤낮으로 바람에 흔들리며 가을 소리 내네.

我來竟何事　高臥沙丘城

城邊有古樹　日夕連秋聲

_이백(李白)이 두보에게 준 시, 「沙丘城下寄杜甫 沙丘城─魯郡」 중에서

바람에 흔들려 소리를 내는 것은 사탕수수도 마찬가지랍니다. 나는 이곳에 무엇을 찾아 왔나? 가던 길을 멈추고 사탕수수밭 사이의 길을 걷다가 수수대 하나를 꺾었다. 껍질을 벗기고 우적우적 씹었더니 단맛이 물씬 배어난다.

트리니다드도 멀지 않았다. 일전의 여행길에 잠시 들러 저녁을 먹었던 길가
의 음식점에 들렀다. 흰 셔츠에 나비넥타이를 매고 나를 맞았던 친구는 보이
지 않았다. 제법 죽이 맞았었다. 고작 10개월인데. 생전 우리는 만날 수 없을
것이다.

  해 저물 때 벽산을 내려오니 산과 달이 나를 따라 돌아오고,
  내려오던 길 돌아보니, 아득한 안개 푸르스름 비껴 깔려 있다.

  暮從碧山下 山月隨人歸
  顧所來徑 蒼蒼橫翠微
  _이백(李白), 「下終南山過斛斯山人宿置酒」 중에서

트리니다드 ★
Trinidad

앗, 보기 드문 치노 Chino=Chinese다! 트리니다드의 아침. 거리에서 마주친 뮬라토 모녀. 아이는 치노가 낯이 선지 표정이 묘합니다.

엄마, 이상해. 저렇게 생겨도 되는 거야?

오호호호. 애야 인간은 모두 평등한 것이란다. 아프리카인도 아시아인도 아메리카인도 라틴아메리카인도, 모두들 귀하고 소중한 인간이란다.

애야. 어머니가 그리 가르치지 않던?

트리니다드의 특색 중 하나는 자갈길이다. 해가 뜨고 대기가 달구어지기 시작할 때에도 자갈은 여전히 지난밤의 냉기를 보듬고 있어 개들은 배를 깔고 더위를 식힌다. 쿠바사람들은 개를 먹지 않는다. 90년대 식량난으로 굶주림이 생활이 되었을 때에도 개들은 야윌지언정 인간의 먹이가 되지는 않았다.

"일용할 양식이로다."

길바닥에 널브러진 개들을 보고 농담 삼아 말했더니 식인종쯤으로 여기는 눈치다. 복수의 칼을 벼르면서 뭔가 이상한 생물 예컨대 달팽이 같은 것을 먹지나 않는지 눈을 번뜩이며 찾아보았는데, 이 인간들의 식생활이란 그처럼 단조로울 수가 없다. 곡물과 야채 중심의 식문화. 날개 달린 것 중에서는 비행기, 다리 달린 것 중에서는 책상만 빼고는 모두 섭생하는 중국인들의 도움이라도 받아 식문화의 다양성을 접할 수 있는 기회를 증진해야 하겠다.

Tour Tip

트리니다드 주변에서의 대표적인 방문지는 에스캄브라이 산맥의 카스카다 엘 쿠바노(Cascada el Cubano), 인제니오스 계곡, 앙콘 해변(Playa Ancón)이다. 앙콘 해변에서는 수영과 스쿠버다이빙, 낚시와 보트타기 등 해변의 모든 것을 접할 수 있다. 카스카다 엘 쿠바노로의 투어는 하이킹과 수영으로 이루어진다. 인제니오스 계곡으로의 투어에서는 아시엔다(hacienda, 대농장)를 둘러볼 수 있다. 가장 유명한 곳은 마나카 이스나가(Manaca Iznaga)이다.

Sx=105300입방센티미터

Sy=63000입방센티미터

A=4200평방센티미터

그러므로,

Yc= 미안합니다.

Xc= 이만 자겠습니다.

이런, 동서고금을 막론하고 정답이 똑같지 않은가.

역시 수학은 수학이로다.

의무교육 9년을 마친 중학생들은 예비학교와 기술직업학교 중 하나를 선택해 진학할 수 있다.
말하자면 예비학교는 인문계 고등학교, 기술직업학교는 실업계 고등학교와 같다.
중학생들의 절반 가량은 기술직업학교에 진학한다.

노인과 궐련 – 시가만 피우는 것은 아니지.

물건이 있단 말인가, 없단 말인가. - 국영 보데가에서

트리니다드의 마요르 광장 Plaza de Mayor 앞길을 지나다 문득 좌판 하나가 눈에 들어왔다. 이 할아버지 무슨 사업을 하시나?

일회용 라이터의 부시개 돌을 갈아 주거나 가스를 충전해주는 자영업이다. 일회용 라이터란 주입구가 없으므로 주둥이를 꽁무니 삼아 가스를 넣는다. 가스를 충전하면서 쓰다 보면 돌이 닳을 테니 돌을 갈아 준다.

담배 피우는 벗들이여, 오늘 이후로는 라이터도 재생해서 쓰세나. 서랍에 작은 드라이버 하나와 돌 그리고 가스통 하나를 가지면 손놀림만으로 백 번은 쓰고 남지 않겠는가.

엄마, 이것 모두 내것이야 – 트리니다드 기념품 노점 골목

트리니다드의 마요르 광장을 시작으로 자갈이 깔린 길을 걷는 것은 답사라기보다는 일종의 산책이다. 언덕을 따라 내려가거나 돌계단을 오르고 사방으로 뚫린 골목길을 이리저리 배회하다 보면 주변의 고풍스러운 건물이나 사람들보다는 하늘과 구름이 자꾸 눈에 들어온다.

어느 공터에선가 장닭을 품에 안고 시가를 문 노인. 얼마나 단단히 안았던지 닭은 벙어리가 되어 다리만 버적이고 있었다. 뜬금없이 나를 향해 휘적휘적 걸어온 노인이 닭을 내민다.
"어쩌라구요?"
"사라니까, 실한 놈이여."
"전 관광객이구만요."
"아무 놈이면 어때, 사기만 혀."
"……"

반응이 시원치 않았던 탓에 노인은 혀를 차며 물러나 남의 집 계단 앞에 엉덩이를 붙이곤 닭을 땅에 내려놓았다. 덕분에 숨을 좀 쉴 수 있게 된 닭은 안쓰럽게도 부리에서 까마귀처럼 깍깍 소리를 흘린다. 한데, 이 할아버지 협동농장 닭을 슬쩍 들고 나온 것은 아니여?

유쾌한 밤이었다.

트리니다드의 음악 회관 앞뜰에서 벌어진 한밤의 연주와 춤판.

관광객과 트리니다드의 춤꾼들이 어우러져 잘난 년놈들은 잘난 대로, 못난 년놈들은 못난 대로 살사를 춘다. 춤 못 추는 년놈들은 그저 넋을 잃고 보다 보면 질투로 억장이 무너지는 밤이었다.

밤은 깊어 가고 춤꾼들의 이마에 송글송글 땀방울이 맺혀갈 때,

목에 투박한 은 체인을 건 못나고 키 작은 뮬라토 노인이 납시었다.

아하하. 좆비린내 못 가신 녀석들.

노인은 마치 구름 위를 걷는 신선처럼 춤을 추며 좌중을 압도했지.

이윽고 젖비린내 나는 아이들에게 싫증이 난 살사의 신선은 뜰 한구석에 있던 항아리처럼 뭉툭한 몸매의 여인에게 정중히 춤 한 판을 청했어. 여인은 살사의 여신이더군. 노인의 이마에서는 그제야 땀방울이 맺히기 시작했다네. 여인은 노인의 손을 잡고 작은 별들이 반짝이는 검푸른 밤하늘로 인도하더군. 그러곤, 에스캄브라이 산맥의 연봉들을 하나씩 밟으면서 춤을 추었어.

그래서 나는 알았지. 살사의 도인들은 말이야, 나이트클럽이나 카바레에 죽치는 대신 초야에 터를 잡고 농사를 짓거나 밥을 짓다가 하루의 일과가 모두 끝나고 한가해진 밤에 이렇게 슬쩍 나타나 잠깐 즐기다가 밤하늘로 사라지는 법이라네.

아, 내가 여인과 노인의 춤추는 사진을 찍지 못했던 것은 말이야. 그만 넋이 나가 버려서 사진 따위가 한없이 초라하게 느껴졌기 때문이야. 난 지금도 그걸 후회하지 않고 있다네.

시에라 에스캄브라이 산맥은 시에라 마에스트라에 이어 쿠바에서 두번째로 험준한 산맥이다. 산 아래의 인제니오스Ingenios 계곡에서 사탕수수농업과 설탕산업이 발달했다면, 이 척박한 산중에서 농민들은 등성이를 일구어 커피나무를 심었다.

길가의 커피농가에 들렀더니 집을 지키던 아낙이 마당에서 말리던 커피콩(말린 커피콩의 색이 거의 흰색에 가깝다는 것을 나는 처음 알았다)을 한 줌 가져와 숯불에 들들 볶더니 콩 가는 기계에 넣어 달달 간 후 마녀의 모자처럼 생긴 걸채에 붓고는 뜨거운 물을 와락 부어 커피 한 잔을 만들어 주었다.

그제야 나는 커피를 마신다는 일이 다만 카페인을 섭취하기 위해서만은 아니라는 것을 알았다. 또한 나는 이 커피의 맛을 세상의 다른 어느 곳에서도 맛보지 못할 것임을 알았다.

시에라 델 에스캄브라이
Sierra del Escambray

인제니오스 계곡(Valle de Los Ingenios)

벌판을 산이 둘러싸고 있어 계곡이라고 한다. 계곡이라면 산과 산 사이의 골짜기를 떠올리는 내게 비냘레스 계곡이나 인제니오스 계곡은 계곡이 아니라 넓디넓은 벌판이라 해야 비로소 단어와 풍경의 모순이 그럭저럭 해소된다.

한반도에서 나고 자란 사람들은 산이 없으면 눈이 시리다. 끝도 없이 펼쳐진 광활한 평야에서 지평선을 보고 있노라면 제대로 눈을 뜨지 못한다. 초원을 달리던 기마민족의 유전자를 갖고 있다지만 멀리 볼 수 있는 능력은 이미 남아 있지 않은 것이다.

풍경 속에 산이 없으면 왠지 불안하다. 어느 해 여름, 캐나다 토론토에 며칠 묵을 기회가 있었을 때에도 그랬다. 눈이 시려 산을 찾아 나섰다. 도심을 벗어나 30분쯤 달렸을 때 옆자리의 캐나다 친구가 말했다. "산이다!" 길을 가운데에 두고 양쪽으로 봉긋하게 솟은 언덕이었다. "이 봐. 저게 산이면 나는 신

이야." 허탈한 마음에 그저 피식 웃고 말았지만 산이 못내 그리워, 눈이 너무 시려 나는 일정을 하루 앞당겨 토론토를 떠났다.

멈추지 못하는 자들은 오만하다. 산 앞에서 우리는 가속을 멈추고 생각할 수 있다. 그럼으로 현명해질 수 있다.

트리니다드 인근의 인제니오스 계곡은 사탕수수와 설탕산업이 발달했다. 19세기 아이티(Haiti)의 노예반란으로 쫓겨난 프랑스인들이 쏟아져 들어온 결과였다. 인제니오스 계곡에는 서부 아프리카에서 끌려온 흑인노예들이 1만 1천여 명에 달했다. 백인농장주들은 감시망루를 세워 놓고 노예들을 감시했다. 아시엔다의 유적인 마나카 이스나가(Manaca Iznaga)에는 아직 그 망루와 종이 남아 있다.

상크티 스피리투스에 있는 헤수스 수아레스 가욜(Jesus Suarez Gayol) 축산협동조합의 방목장

상크티 스피리투스
Sancti Spirítus

상크티 스피리투스의 마세오 광장

최악의 영웅은 살아 있는 영웅이다. 이 자들은 스스로 자신을 영웅으로 만들고 나머지 모두를 바보이자 노예로 만든다.

다음은 죽었으되 살아 있는 영웅이다. 살아 있는 자들이 죽어 있는 자를 무덤에서 끄집어내 통치의 수단으로 활용한다. 죽은 자는 말이 없다. 살아 있는 자는 사관을 부려 제 입맛에는 달콤하되 인민에게는 독이나 다름없는 사탕을 만들어 내 모두를 노예로 부린다.

각주(脚註) _ 김남주
헤겔은 어딘가에서
이런 말을 한 적이 있다
동방에서는 한 사람만이 자유로왔는데 지금도 그렇다
그리스 로마에서는 몇 사람이 자유로왔다
게르만 세계에서는 모든 사람이 자유롭다
마르크스는 어딘가에서
이런 말을 한 적이 있다
아시아적 봉건사회에서는 한 사람만이 자유로왔다
자본주의 사회에서는 몇 사람이 자유롭다
사회주의 사회에서는 만인이 자유로울 것이다
그러나 헤겔도 마르크스도
다음과 같이 각주 붙이는 것을 잊어버렸다
식민지 사회에서는
단 한 사람도 자유롭지 못하다고

그러나, 김남주도 다음과 같이 각주 붙이는 것은 잊어버렸다.

영웅이 통치하는 사회에서는

여전히 단 한 사람만이 자유롭다고.

행복한 영웅은 인민이 스스로 만들어 내는 전설의 영웅이다. 그는 시대의 영웅으로 시대의 소명을 다하면 기꺼이 장막 뒤로 모습을 감춘다. 그는 그저 인민의 희망에게 얼굴을 빌려주었을 뿐이므로.

식량이 부족해 배가 고플수록

분배에 더욱 세심해져야 한다.

오늘,

얼마 전에 들어온 취사병이

모든 대원들의 접시에

삶은 고깃덩어리 2점과

말랑가 감자 3개씩을 담아주었다.

그런데,

내 접시에는 고맙게도

하나씩을 더 얹어주는 것이었다.

나는 즉시

취사병에게 접시를 던지며 호통쳤다.

이 아부꾼아,

지금 여기서 당장 나가!

......

그는,

단 한 사람의 호감을 얻기 위해

많은 사람들의 평등을 모독했다.

체 게바라, 「대장의 접시」 중에서

상크티 스피리투스 주의 UBPC협동농장에 들렀을 때에는 마침 점심시간이었다. 마침 쿠바의 세 인종을 대표하는 여성조합원 3총사를 부엌에서 만났다. 물라토 Mulato, 백인과 흑인의 제1대 혼혈아와 흑인 그리고 백인. 평등 중의 하나는 인종간의 평등이고 쿠바에서 그것은 대체로 관철되고 있었다. 흑인에 대한 호칭은 '니그로'이다. 미국이라면 결코 입에 담아서는 안 되는 금기의 그 말이 쿠바에서는 스스럼없이 사용되고 있었다.

카마구에이 ★

Camagüey

어떤 사내라도 처녀가 내미는 잔을 받아 담긴 물을 마시면 종내는 돌아오고야 만다는 도시 카마구에이.
쿠바의 중동부에 자리 잡은 카마구에이를 괴롭힌 넉넉지 못한 수량은 큼직한 물 항아리인 티나호네를 만들고
는 미소를 흘릴 수밖에 없는 따뜻한 이야기를 덧붙였다. 카마구에이 지방은 쿠바에서 가장 큰 주(州)이며 주도
인 카마구에이는 3번째로 큰 도시이면서 오랜 역사를 가진 유서 깊은 도시이다. 스페인 식민지풍의 옛 건물들
과 광장, 스테인드글라스가 햇볕을 색색으로 거르는 교회들을 엿보고 타일이 깔린 좁은 길들을 걸으며 사람들
의 밝은 웃음을 마주치다 보면 떠나는 것이 못내 아쉬운 '도시'가 카마구에이이다.

카마구에이는 광장과 공원의 도시이다. 시외곽의 혁명광장을 뺀다면 아마도 '노동의 광장 Plaza de los Trabajados'이 가장 큰 광장일 것이다. 광장 한편의 우체국 건물은 프리다 칼로의 블루하우스를 연상시키는 푸른색을 칠해 놓았고 아바나의 혁명광장 내무부 외벽에 설치된 철제벽화를 그대로 빌려와 축소해 놓았다.

'사령관 체. 친구여…Che Comandante. Amigo… '

친구여.

이그나시오 아그라몬테 공원

개를 아끼고 사랑하는 쿠바사람들.
불철주야 봉사할 줄 아는 쿠바의 견공(犬公)들.

카마구에이의 거리

카마구에이 시는 아바나와 산티아고 데 쿠바에 이어 쿠바에서는 세번째로 큰 도시이다. 시내 곳곳에 광장과 공원, 교회 등 볼거리가 풍부하다. 대개는 걸어서 거의 모든 곳을 돌아볼 수 있다. 운 좋게 또는 의도적으로 토요일에 도착했다면 카마구에이 시민들이 벌이는 토요일 밤의 열기에 참여할 수 있다. 사람들이 모이는 곳은 시내 한복판을 가로지르는 공화국(Republica) 거리이며 큼직한 댄스파티가 벌어지는 광장은 아그라몬테와 공화국 거리가 만나는 광장이다.

오늘 밤 춤추고 죽어 버리자.

디스코의 세계적인 열풍을 불러왔던 영화 「토요일 밤의 열기」의 정신이란 이런 것이다. 별 볼일 없는 페인트 상점의 종업원인 토니가 토요일이면 멋진 옷을 빼입고 디스코텍에서 불사르는 것은 정열이 아니라 닷새 동안 뼛속 깊숙이 쌓인 무료함과 절망이다. 토요일 밤의 열기에 몸을 불사르고 일요일이면 죽고 싶겠지만 어김없이 월요일은 다가오고 토니는 현실의 똥통으로 되돌아온 자신을 발견한다.

물론 영화의 토니는 좀 나은 처지가 되기는 하지만, 그거야 할리우드 영화 공통의 위대한 립 서비스일 뿐이고.
카마구에이의 광장에서도 토요일 밤의 열기가 지펴졌다. 고출력 앰프가 힙합 스타일의 팀바를 토해내는 가운데 모두들 허리를 돌리고 엉덩이를 흔들어대기 시작했다.

남-녀-노-소, 그리고 가족들. 사람들은 뉴욕의 디스코텍과 달리 내일을 위해 춤추고 있다.

공화국 Republica.

카마구에이의 공화국로路에서 공화국 주점을 보았다.
생각해 보니 쿠바의 국호는 '쿠바공화국'이다. 사회주의공화국도 아니요, 인
민공화국도 아닌, 민주주의인민공화국도 아닌 그냥 공화국이었다.
공화국이면 족한 것일까.

그런 것일까?

농업
Agriculture

교육
Education

128

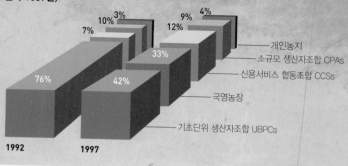

농지점유율(1992년과 1997년)

76% — 1992
10% 7% 3%

42% — 1997
33% 12% 9% 4%

개인농지
소규모 생산자조합 CPAs
신용서비스 협동조합 CCSs
국영농장
기초단위 생산자조합 UBPCs

농업 Agriculture

1989년과 1990년 동구권과 소련이 차례로 몰락하자 쿠바농업 또한 급속하게 붕괴했다. 사탕수수를 중심으로 했던 수출위주의 단일작물경작농업이 순식간에 시장을 잃어버리면서 함께 몰락한 것이다. 또한 쿠바의 고투입농법은 에너지와 기계, 비료와 농약 등의 화학제품을 수입에 의존하고 있었으므로 농업기반 역시 붕괴할 수밖에 없었다. 농업국가인 쿠바는 경제난과 식량난의 수렁으로 급속하게 빠져들어 갔다.

비상시기 선포와 함께 이루어진 농업개혁은 대단위 국영대농장을 협동농장(조합) 중심으로 재편하는 것을 골자로 했다. 1993년 기초단위협동조합(UBPC)이 탄생했으며 국영대농장의 상당부분이 UBPC로 재편되었다.

UBPC로의 재편은 국영농장이 대표했던 생산의 집중을 포기하고 분산을 선택했음을 의미했다. UBPC는 작물의 선택, 농장의 운영에 있어서 자율성을 보장받았다.

'인민을 땅과 함께'(Vinculando el hombre con el area)라는 정책 아래 국유지를 개인농이나 개인농 협동조합에 임대료 없이 무기한 임대했다. 1999년까지 17만 헥타르(5억 1400만 평)의 국유지가 농민의 손으로 넘어갔다. 국유지를 임대할 수 있는 자격은 거주지 부근에 유휴지가 존재하고 농산물을 생산할 수 있음을 입증하는 것이었다. 이는 식량생산을 끌어올렸다. 더불어 기존의 개인농 협동조합인 CCS, CPA에 대한 지원 또한 강화했다. 협동조합에 은행계좌를 개설할 수 있도록 했으며 신용을 보증하거나 농기계를 지원하는 등으로 지원했다.

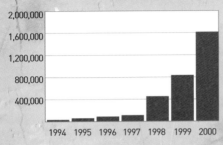

도시농업 생산량 (단위 : 톤)
출처_쿠바 농림부

식량생산비교 (1989＝100%)
출처_UN FAO 웹사이트 1994 ■ 1998 ■

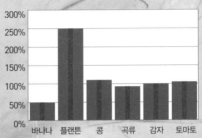

도시농업의 활성화 또한 농업개혁의 중요한 축을 차지했다. 농업의 붕괴에 따른 식량난은
농촌보다 도시에 큰 충격을 주었다. 도시 내의 유휴지 또는 인근의 유휴지를 실업상태에
놓인 국영노동자들에게 경작할 수 있도록 했다. 이렇게 시작된 도시농업은 오르가노포니
코를 비롯해 텃밭, 대중농원 등 다양하게 발전했다. 더불어 도시농업에 적합한 유기농업 기
술이 개발되었다. 유기질의 비료, 바이오 농약 등이 연구·개발되어 보급되었다.

도시농업의 활성화는 도시의 식량위기를 해소하는 데 큰 역할을 담당했다. 1980년에 허용
되어 1986년에 폐지되었던 농민시장이 1994년 다시 등장했다. 식량난의 와중에 극성을
부렸던 암시장과 식량가격의 폭등은 농민시장의 등장으로 정상화될 수 있었다. 국영농장
과 협동농장들은 잉여생산물을 국영기업의 수매가보다 높은 가격으로 농민시장에 판매할
수 있어 생산의 물질적 인센티브로 작용했다.

쿠바의 농업개혁은 '지속가능한 농업'의 전범을 창출하는 부수적인 효과를 가져왔다. 화학
비료와 농약, 에너지에 의존하지 않는 유기농업의 등장은 90년대 위기의 소산이었지만 현
재는 세계가 주목하는 농업이 되었다.

교육 Education

경제적으로 쿠바는 개발도상국 수준을 벗어나지 못하고 있지만 교육만큼은 선진국 수준에 도달해 있다. 라틴아메리카와 카리브해 지역에서는 가장 높은 수준의 교육을 실현하고 있다. 미국의 가혹한 봉쇄 등 어려움에도 불구하고 교육을 이처럼 높은 수준으로 끌어올릴 수 있었던 배경에는 교육에 대해 GDP의 10퍼센트를 상회하는 높은 수준의 투자가 지속되었기 때문이다 (2004년 11.3퍼센트). 쿠바교육의 특징은 다음과 같다.

교육부문에 대한 지속적이고 높은 투자

★ 무상교육.

★ 교육에 관한 한 모든 것을 지원하는 일관된 정책 환경과 정치적 의지.

★ 높은 질의 기초교육과 중등 및 고등교육에 대한 기회의 개방성.

★ 아동에 대한 폭넓은 조기교육과 기초교육의 일환으로 매김되어 있는 학생 보건프로그램.

★ 학교 밖에서의 보완교육 프로그램─문맹해소교육, 성인과 비정규 교육(이 역시 기초교육의 일환이다).

★ 학교의 운영에 있어서 지역사회의 참여를 촉진하는 메커니즘.

★ 교사에 대한 지대한 배려(광범위한 임용 전과 후의 교직훈련, 높은 사회적 신분과 도덕성, 인센티브, 투명한 책임 시스템, 전문주의 문화의 전략적 개발, 개선에 대한 보상).

★ 저비용 고품질의 교육기재.

★ 전국적 교과과정 도입 및 지역적 교육기재 개발에 교사와 학생의 주도적 참여.
  국가적 차원에서 개발되는 교과과정에 지역의 요구를 충분히 반영.

★ 개인이 아니라 시스템을 향상시킬 수 있는 신중한 구조적 경쟁.

★ 농촌의 학생과 특수학생을 위한 트인 전략.

★ 학교와 일터를 묶는 전략.

★ 사회적 연대를 강조하는 교육.

"경제적으로 쿠바는 개발도상국의 수준을 벗어나지 못하고 있지만 교육에 있어서만큼은 선진국 수준에 도달해 있다. 미국의 가혹한 봉쇄 등 어려움에도 불구하고 교육을 이처럼 높은 수준으로 끌어올릴 수 있었던 배경에는 교육에 대해 GDP의 10퍼센트를 상회하는 높은 수준의 투자가 지속되었기 때문이다."

교사

★ 교육대학은 5년제이다. 자격증을 취득한 후 2년 동안 학교에서 인턴으로 근무해야 하며, 그후 정식교사로 임명된다.

★ 교사는 평생교육의 대상이며 이를 위해 특별한 교육기관인 5개의 '고등교육 교원연수원'(IPS, Institutos Pedagogicos Superiores)을 두고 있다.

★ 교사는 제도적으로 지역사회와 긴밀하게 결합되어 있다. 교사는 학부모회, 학부모학교 그리고 기타 대중조직의 회원이 되는 식으로 지역사회의 일원으로 자리를 잡는다. 교사의 근무시간의 80퍼센트는 학생들에게, 20퍼센트는 학생들의 부모들에게 할애해 학부모 또한 학생들의 교육에 동참할 수 있도록 한다. '교육은 공유된 책임'이라는 원칙에 따라 학생들은 함께 공부하며 1~3주에 한 번씩 한 학생의 집에서 공부한다(Casas del studio). 가정수업은 해당 학생의 부모가 주관한다.

★ 교사에 대한 평가와 책임에 있어서 교사는 지속적으로 전문적이고 체계적인 점검을 받아야 하며 끊임없이 교육과 관련된 훈련으로 능력을 유지, 향상시켜야 한다. 교사의 평가에는 교사모임, 대학, 학부모 등 교육의 모든 주체들이 참여한다.

★ 쿠바에서 교사는 진정한 전문직이며 그에 상응하는 높은 사회적 지위를 인정받는다. 다른 전문직종에 비해 약간의 임금 격차가 존재한다.

모든 이들에게 교육을

★ 쿠바는 모든 국민들에게 교육받을 기회를 제공한다.

★ 산악지대와 같은 고립된 지역을 포함해 장애자와 기타 특수교육이 필요한 대상자들 모두 교육혜택을 누릴 수 있다. 10명 이하의 학생이 존재하는 학교가 쿠바 전역에는 2천여 개에 달한다. 교육평가에 있어서 통계에 따르면 도시지역과 농촌지역, 고립지역 간의 학력 차이는 없는 것으로 나타나고 있다.

★ 농촌지역에서 근무하는 교사들에게는 주택, 가전제품 등의 혜택을 주고 있다.

★ 전국적으로 425개의 특수학교가 세워져 있으며 5만 7천여 명의 학생들이 교육을 받고 있다. 장애아, 지체자들을 교육하는 교사들은 적합한 훈련을 받은 전문교사들이다. 집에 머무를 수밖에 없는 학생, 병원에서 지내야 하는 학생 등 학교로 올 수 없는 학생들은 순회교사(Maestros ambulantes)팀이 집 또는 병원을 방문해 가르친다.

★ 일하는 학생, 배우는 노동자를 통해 평생교육을 목표로 한다.

★ 초등학교의 경우 6년간 5,680시간 중 480시간의 노동교육 시간이 교과과정에
포함되어 있다.

★ 학교농장(Las Huertas Escolares)에서의 간단한 농업활동에 참여하는 방법이
주를 이룬다.

★ 노동과 노동자에 대한 긍정적 태도의 계발 등에 목적을 둔다.

★ 이런 노동경험은 '교육이며 생산이 아니다'를 목표로 한다.

★ 중학교의 경우 3년간 5,799시간 중 280시간을 노동교육에 할애한다.

★ 노동교육은 그림, 재봉 등의 실용교육을 겸한다.

03
ORIENTE
동부지역

다
누에비타스
마구에이
구에이
푸에르토 파드레
라스 투나스
라스 투나스
올긴
올긴
바네스
안티야
아만시오
마야리
모아
바야모
바라코아
만사니오
그란마
팔마 소리아노
관타나모
산티아고 데 쿠바
관타나모
산티아고 데 쿠바
필론
시에라 마에스트라
관타나모
미 해군기지

쿠바의 동부 지역은 식민지 초기부터 역사적으로 내내 중요한 역할을 감당했다. 콜럼버스가 동북부의 바라코아Baracoa에 상륙한 이래 스페인 식민지 역사가 시작되었으며 최초의 도시가 건설되었다. 수도를 지금의 아바나로 옮긴 후에도 행정의 중심이었다. 두 차례에 걸친 독립전쟁이 모두 동부에서 시작되었으며, 쿠바혁명의 뿌리였던 몬카다 병영 습격과 7·26 운동이 탄생한 산티아고 데 쿠바Santiago de Cuba는 동부에서 가장 중요한 지방이며 도시였다. 미국 식민지 시대를 개막한 스페인-미국 전쟁 역시 산티아고 해전에서 승패가 나뉘었다. 미국이 점령하고 해군기지로 사용하고 있는 관타나모Guantánamo 역시 동부에 위치하고 있다.

시에라 마에스트라
Sierra Maestra

시에라 마에스트라의 어느 산중에선가 길을 잃었다. 새벽 3시쯤에는 그나마 비포장이던 길도 끊기고 어두운 숲만이 아가리를 벌리고 있었다. 길이 끊기자 나는 마음속의 불안이 사라지는 것을 느낄 수 있었다. 이제 더 이상 앞으로 갈 수 없구나. 차에서 내려 어두운 숲속을 보고 있자니 숲 사이로 오솔길 하나가 보였다. 다시 불안이 요동을 쳤다.

1956년 11월 25일 83명의 사내들이 25명 정원의 그란마(GRANMA)란 이름의 보트를 타고 멕시코의 툭스판을 떠났다. 12월 2일 그들은 예정보다 사흘을 늦게 콜로라도 해변에 도착했고 대기하고 있던 바티스타군의 공격을 받았다. 12월 18일 시에라 마에스트라의 깊은 산중에 도착했을 때 12명이 살아 있었다. 그들을 이끌었던 피델 카스트로가 남은 11명에게 말했다. "동지들, 우리 승리할 거요. 싸움을 시작합시다." 이렇게 세상에서

산꼭대기의 능선 절벽 앞에 차를 대고 두어 시간 눈을 붙인 후 산을 내려올 때에 소년을 태웠다. 터벅터벅 걸어 산을 내려갈 작정이었던 소년은 보퉁이 둘을 들고 아침 일찍 길을 나선 참이었다. 빨간 가방 안에는 무엇이 들었는지 알 수 없는 일이지만 자루 안에 든 것은 새끼돼지였다. 어찌나 시끄럽게 꿀꿀거리는지 정신이 산란했다. 어미 품에서 떨어져 나와 어디론지 알 수 없는 길로 끌려가고 있으니 새끼돼지인들 심정이 오죽했었을까만. 산을 너무 빨리 내려온 소년도 조금 난감한 눈치였다.

아직 깊은 산중인데 딸아이를 학교에 데려다주던 어머니를 만났다. 품에는 떡두꺼비 같은 아들. 딸 하나, 아들 하나. 잘 키우세요. 둘 모두 당신의 미래입니다. 물론 당신의 미래는 세계의 미래이지요.

공작. 원래 인도나 동남아의 깊은 산중에 사는 새이다. 시에라 마에스트라의 게릴라 사령부로 가는 길에 들른 관리소에는 색깔도 화려한 수공작 한 마리가 닭과 함께 모이를 찾아 헤매고 있었다. 키위나 타조, 닭처럼 날지 못하는 새이니 대양을 날아 건너왔을 리가 없다. 회장이 일 년에 한 번쯤 들른다는 용인 에버랜드 근처의 삼성그룹 사유지에도 이렇게 번지수를 못 찾고 살아가는 공작들이 있다. 몇 마리 갖다 놓았더니 알아서 새끼를 까고 번식을 해 길바닥까지 진출하는 새가 되었다는 삼성 관계자의 진술. 참, 여러 가지 한다는 생각이 들었다.

"이것이 동네 새가 아닌 줄 알지?"

"알지."

"어느 동네 새인 줄 알아?"

"몰라. 무슨 상관이야."

"걱정스러워서 그래."

"뭐가?"

"얘가 여기가 맘에 들어 저 숲 속에서 새끼 치기 시작하면 어떡해. 생태적 재난이 될 수도 있다구."

"걱정하지 마."

"왜?"

"암컷이 없거든."

"……"

빌어먹을. 불쌍하고 불쌍하도다. 그러니까 수공작이 닭 꽁무니를 좇는구나. 그것도 수탉을.

관리소에 카메라를 맡겼다…가 아니라 규정에 따라 잠시 빼앗겼다.
사령부는 사방이 훤히 내려다보이는 가파른 등성이에 자리잡고 있었다.
시에라 마에스트라의 품을 한눈에 담을 수 있는 그런 멋진 곳이었다.

Tour Tip

시에라 마에스트라 산맥을 방문하는 이유는 2가지이다. 카스트로의 게릴라 사령부를 방문하거나 산맥의 능선을 종주해 카리브해 편의 라스 쿠에바스(Las Quevas)에 도착한 후 돌아오는 3박4일의 트레킹을 위해서이다. 시에라 마에스트라 트레킹에서는 쿠바에서 가장 높은 봉우리인 해발 1,972미터의 투르키노(Pico Turquino)를 거치게 된다. 둘 모두 반드시 가이드를 대동해야 한다. 신청은 비야산토 도밍고(Villa Santo Domingo)에서 접수하고 국립공원 입장료와 가이드 비용을 지불해야 한다.

시에라 마에스트라 산맥. 게릴라 사령부였던 코만단테 데 라 플라타(Comandante de la Plata)로 가는 길.

바야모(Bayamo)에서 산티아고 데 쿠바로 가는 길의 도시 팔마 소리아노(Palma Soriano). 잠깐 들른 길가의 어느 집. 저녁을 끝낸 식구들이 텔레비전을 보고 있던 참이었다. 중국제 판다 텔레비전과 두 개의 전기밥통. 어라? 어떻게 특별배급품목인 전기밥통을 두 개나 얻었을까?

Santiago
de ★ 산티아고 데 쿠바
Cuba

산티아고 데 쿠바의 주경계

한때 쿠바의 수도였고 정치와 행정의 중심이었던 산티아고 데 쿠바(이하 산티아고). 수도를 아바나로 옮긴 후에도 사정은 크게 달라지지 않았고 여전히 산티아고는 중요한 역할로 자리매김 되었다. 1차와 2차의 독립전쟁은 모두 산티아고를 중심으로 했고 1959년 쿠바혁명의 도화선 역시 산티아고에서 불이 당겨졌다. 카스트로의 7월 26일 운동의 시작이 된 몬카다 병영이 산티아고에 있었고, 멕시코로의 망명 후 다시 돌아온 83명의 게릴라들이 향한 시에라 마에스트라 또한 산티아고의 품에 자리 잡은 산맥이었다.

산티아고 Santiago.
어제는 반란의 도시였고 Rebelde Ayer,
오늘은 친절한 도시 Hospitalaria Hoy,
항상 영웅의 도시 Heroica Siempre.

반란도 친절도 영웅으로 통하는 산티아고.
좋습니다. 좋아요. 영웅적으로 친절하시라.

친절이란 이타의 일면이니 그 또한 영웅 아니겠습니까.

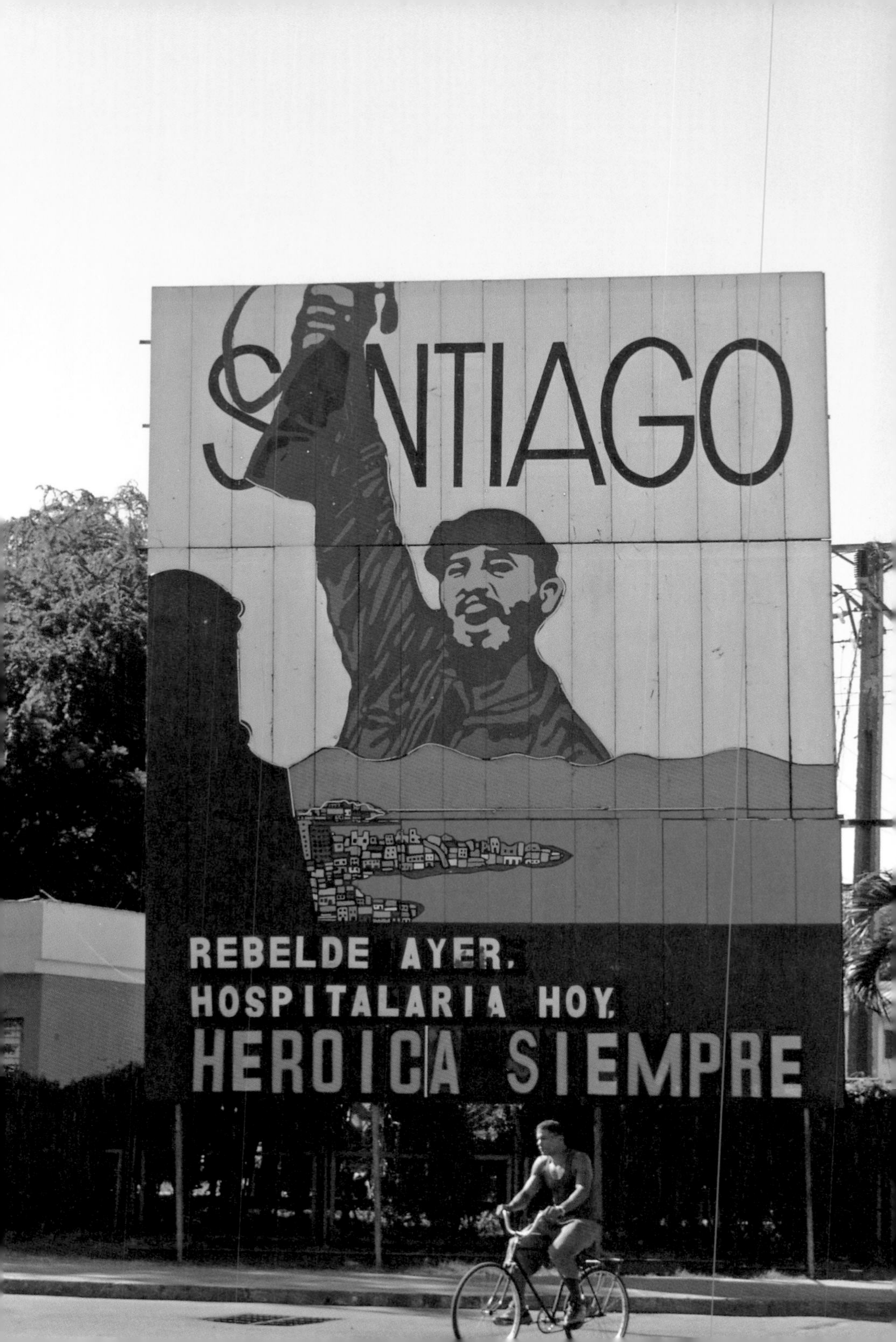
SANTIAGO
REBELDE AYER,
HOSPITALARIA HOY,
HEROICA SIEMPRE

1953년 7월 26일 피델 카스트로와 일군의 청년들이 산티아고의 몬카다 병영을 습격했다. 거사는 실패했고 대부분 죽거나 체포되었다. 체포된 반란자들 중의 절반은 또 고문으로 목숨을 잃었다. 가까스로 목숨을 건진 반란자들 중의 한 명이 피델 카스트로였다. 이 무모한 군사적 모험이 M26-7, 이른바 7월 26일 운동의 시작이었다.

1955년 카스트로는 사면을 받고 석방되어 멕시코로 망명을 떠났다. 1956년 카스트로는 82명의 동지와 함께 쿠바로 돌아와 다시 죽을 고비를 넘기고 시에라 마에스트라 산중에서 싸움을 시작했다. 1959년 1월 1일 마침내 혁명은 승리했다.

지금은 7·26 학교가 된 몬카다 병영에서 내가 어이가 없었던 것은,

도대체 1953년 7월 26일에 만들어진 총탄의 자국들을 1959년 1월 1일까지 그대로 내버려두는 그런 당나라 군대가 바티스타의 군대였다는 것이다. 그것이 아니라면, 혹시 경각심을 고취하기 위해 내버려두었던 것일까.

산티아고 시의 전경

산티아고 시의 아순시온(Asuncion) 성당

1953년 7월 26일 180여 명에 가까운 청년들이 시도한 몬카다 병영 습격은 실패로 돌아갔다.
그 중 70여 명이 살아남아 재판에 회부되었다. 10월 16일의 재판에서 카스트로는 "역사가 나를 사면할 것이
다"(La historia me absolverá)라는 자기변론을 남겼다. 카스트로는 15년 형을 선고받고 지금의 후벤투드 섬
에 있는 감옥으로 끌려갔다. 1955년 5월 사면된 카스트로는 다음 달인 6월 24일 멕시코로 망명을 떠났다. 사
진은 카스트로가 재판을 받았던 산티아고의 법원. 몬카다 병영 습격 당시 이 건물의 옥상에서는 병영 습격을
지원하는 사격이 이루어졌다.

변호사가 된 사탕수수농장 집 아들이 있었어. 의원선거에 나갈 만큼 정치적인 야심이 뚜렷한 인간이었지. 마침내 선거에서 당선이 되어 의원이 될 찰나에 운 나쁘게도 쿠데타가 일어났어. 독재자는 선거를 없던 일로 돌려버렸지. 변호사는 결론을 내리기를, 독재자의 쿠데타에는 인민의 쿠데타! 허접한 총과 사제폭탄을 준비해 180여 명의 동지들과 함께 독재자의 병영을 공격하는 미친 짓을 했지. 태반이 목숨을 잃었는데 억세게도 운 좋은 변호사는 살아서 법정에 끌려가게 되었어. 맙소사. 말 많은 변호사를 법정의 피고로 끌고 간 것이야. 변호사는 당연히 스스로 변론을 했어. 얼마나 장황한 자기변론문이 있었는지 여기서 일부라도 옮기려고 한다면 내가 미친놈일 것이야. 책 한 권 분량이니까.

여하튼, "판사 방망이를 두드려. 맘대로 해라. 역사가 나를 사면할 것이다." 카스트로의 자기변론문은 이렇게 끝나. 그런데 코미디이지. 정작 2년 뒤 변호사 피델 카스트로를 사면한 것은 독재자 바티스타였어. 멕시코로 망명을 떠난 변호사는 애초에 뜻을 굽히지 않았어. 법전 대신 총을 들어야 한다는 생각을 버리지 않았던 거지. 그래서 동지와 총을 모아 다시 쿠바로 돌아오는 거야. 권력은 총구에서 나온다. 이 재수 없는 변호사의 무장투쟁을 권력욕의 소산으로 비난해도 좋아.

하지만 말이야. 똥통의 구더기만큼 우글거리는 주둥이로만 정의를 희롱할 줄 아는 변호사 놈들 중에서 그 어떤 놈이 총을 들었겠어? 그 어떤 변호사 놈이 정의를 실현하기 위해 그 잘난 변호사 간판을 집어던지고 총을 들었겠어? 그 어떤 변호사 놈이 정의를 실현하기 위해 반드시 필요하다고 생각한 일을 목숨을 걸고 지켰겠어? 1/10이나 절반의 정의는 불의일 뿐이야. 하나의 정의가 정의인 것이지.

관타나모
Guantánamo

관타나모에 온 첫번째 이유는 그 잘난 관타나모 미 해군기지를 보기 위해서였다. 다리가 공사 중이라며 일이 엉뚱하게 풀리는 바람에 결국은 가지 못하고 돌 동물원이 있는 산에 올라 관타나모 만을 멀리서 굽어볼 수밖에 없었다. 마침 관타나모 만에는 비가 내리고 있어 아무것도 볼 수 없었다.

희끄무레한 비의 기둥은 1898년 이래 미국의 땅이었던 관타나모 만의 해군기지, 지금은 억울한 아랍인들이 고문당하고 추행당하는 생지옥이 되어 버린 그 땅을 보여 주기가 부끄러운 듯했다.

도대체 저 땅에 정의가 깃들려면 우리는 얼마나 기다려야 하고 또 무엇을 해야 하는가.

Guantanamo

honor bound to defend freedom

BY **VICTORIA BRITTAIN**
& **GILLIAN SLOVO**
FROM SPOKEN EVIDENCE

뉴욕의 오프 브로드웨이에서 공연되고 있는 연극 「관타나모 :
명예를 건 자유수호」(Guantanamo : Honor bound to defend
freedom)는 관타나모 미군기지의 불법 수용소에 감금되었다 풀려
난 영국 국적의 아랍인들의 증언을 토대로 관타나모에서의 만행을
고발하고 있다.

관타나모 만의 일방적인 임대의 법적인 근거는 미국연방법인 '육군세출법 Army Appropriations Act'에 대한 1901년 3월의 플래트 수정안 Platt Amendment 이었다. 쿠바를 미국의 보호령으로 취급한 이 수정안은 같은 해 말의 쿠바헌법에 반영되었고 뒤이어 임대계약이 이루어졌다. 당시의 계약은 무기한 임대였다. 1934년 미국은 이 임대계약을 '양자의 합의에 의해서 임대를 종료할 수 있다'는 웃기는 계약으로 갱신했다.

Tour Tip

관타나모에서 미 해군기지를 가장 가깝게 볼 수 있는 위치는 말로네 전망대(Mirador de Malones) 이다. 말로네 전망대는 최전선으로 한국의 통일전망대와 마찬가지로 쿠바혁명군이 관리하고 있다. 방문하기 전에 미리 신청해 허가를 받아야 하며 신청은 관타나모가 아닌 산티아고 데 쿠바의 가비 오타(Gaviota, 쿠바혁명군이 운영하는 관광회사 중 하나) 사무실에서 해야 한다. 허가를 받아도 반드시 가이드와 함께 동행해야 한다. 단체관광을 이용하는 것이 편리할 수 있다.

누군가 내게 "혁명에도 속도조절이 필요할까?"라고 묻는다면 나는 "그렇다"고 대답하겠다. 혁명은 관념이 아니라 현실이며 잠깐의 전복과 영원한 건설이다. 건설자들은 변함 없는 끈기와 신념을 가져야 한다.

관타나모에는 외국인 관광객들에게는 잘 알려져 있지 않지만 만만치 않은 명성을 가진 '돌 동물원'이 있다. 농부 출신의 조각가가 평생을 조각한 갖가지 동물들이 산 속의 곳곳에 자리를 잡고 있다. 무학의 그는 사진에만 의존해 쿠바에는 서식하고 있지 않은 아프리카 동물들을 멋지게 살려 놓았다. 더불어 사냥을 하는 아프리카인들이라거나 쿠바의 흑인노예들을 형상화하기도 했다. 지금은 그의 아들이 아버지를 이어 계속 조각하고 있다.

관타나모의 마가레트는 열여섯 살의 여자아이입니다. 세상 다 산 척 하지만 누구의 눈에도 아직은 어린 여자아이이지요. 마가레트의 아버지는 아주 오래 전에 행방불명되었답니다. 어머니는 재가를 했지요. 지금은 할머니인 에반젤리나와 함께 살고 있습니다. 할머니는 혁명 당시 '마리아나 그라할레스'라는 이름의 여성게릴라 조직 일원으로 시에라 마에스트라에서 싸웠답니다. 혁명전사였지요. 게다가 근로영웅 표창도 받았답니다.

에반젤리나 할머니는 뮬라토와 치노의 혼혈이에요. 한편 마가레트의 엄마는 백인입니다. 그러니까 마가레트는 흑인과 백인과 아시아인의 피를 가진 아이입니다.

한데 뼈대 있는 혁명전사 가족이 연금 150페소(약 6,000원)로 근근이 살아가고 있다면 이건 요즘 아이들 말로 정말 짱나는 일 아닙니까, 아니에요?

바라코아 ★
Baracoa

1492년 콜럼버스가 첫발을 디딘 후 1512년 디에고 벨라스케스(Diego Velazquez)가 스페인 침략군을 이끌고 바라코아에 상륙했다. 인디오들의 항전을 제압한 침략군은 1514년 바라코아를 비롯해 산티아고 데 쿠바와 바야모 등 일곱 곳에 정착지를 만들었고 본격적으로 쿠바를 식민화했다. 스페인은 쿠바를 신대륙으로 향하는 전진기지로 삼았다.

Tour Tip

바라코아 지역에서의 대표적인 방문지는 융케(El Yunke) 산과 유무리 강, 그리고 훔볼트 국립공원이다. 융케 산은 어린왕자의 코끼리를 먹은 뱀의 형세를 하고 있는 특이한 산으로 해발 569미터에 불과하지만 오르는 길은 험한 편이다. 훔볼트 국립공원의 5킬로미터에 달하는 트레일 코스는 보트를 타고 강을 오르고 숲 사이의 길을 걷는 코스로, 훔볼트 국립공원의 다양한 동식물들을 관찰할 수 있다. 투어는 바라코아의 국영여행사에서 신청할 수 있다.

1511년 침략자에 맞서 격렬하게 저항하던 인디오의 지도자 하투에이 Hatuey 를 잡은 스페인 원정대는 하투에이를 처형하기 전 천국에 갈 수 있다는 꼬드 김으로 개종을 강요했다.

하투에이가 물었다.

"천국은 당신 같은 사람들이 가는 곳인가?"

"그렇다."

"그렇다면 난 지옥으로 가겠다."

침략자들은 하투에이를 산 채로 불에 태웠다.

1492년 10월 백인으로서는 최초로 섬에 발을 디 딘 크리스토퍼 콜럼버스는 바라코아를 두고 이런 글을 남겼다.

"……세상에서 가장 아름다운 곳……새들은 마치 '나는 결코 이곳을 떠나지 않을 거예요'라고 노래하 는 듯하다……."

19년 뒤 섬은 피로 물들었고 살아남은 인디오들 은 노예가 되어 금광으로 끌려갔다. 혹독한 노예노 동으로 섬의 인디오들은 한 세기 후에 흔적도 없이 사라졌다. 그때부터 새들은 피를 토하며 울었다.

루베르트 로페스 Lubert Lopez 거리에서 감귤주스를 팔고 있던 이 여인의 얼굴에는 인디오의 얼굴이 배어 있다.

아, 피가 남아 흐르는구나.
피가 흐르는구나.

피가.
역사가.

STUDIO TALLER
boverde
24·2·05

바라코아 시내의 마르티 공원 근처 어느 길에서 우연히 발견한 벽화는 로엘 카보베르데 야세르 Roel Caboverde Yacer 의 작품이었다. 이 벽화의 맞은편에 그의 스튜디오가 있었다.

로엘은 쿠바에서 나름대로 명성을 얻고 있는 화가이다. 밝고 짙은 열대적 색채, 아프리카에 뿌리가 닿아 있는 듯하면서도 쿠바적인 자유분방함이 돋보이는 이런 화풍은 오늘날 쿠바 미술의 한 줄기를 이루고 있다.

그런데, 내가 말하고자 하는 것은 한 구석의 체 게바라는 왜 저 모양 저 꼴이냐는 것이다. 왜? (한구석의 체 게바라는 야세르가 그렸으되 야세르의 것이 아닌 관제풍의 체 게바라이다. 그건 아무래도 예술가가 취할 태도는 아니다.)

스튜디오에서 작업중인 로엘 카보베르데 야세르

바라코아에서 가장 좋은 호텔은 한때 스페인군의 요새였으며 미국 식민지 시절에 개축되었던 카스티요_{Castillo} 호텔이다. 그밖에 말레콘에는 3층짜리 라루사_{La Rusa} 호텔이 있다. 1512년 스페인인의 별장으로 지어진 이 호텔에는 체 게바라와 카스트로가 묵었는데, 가장 좋은 호텔이 아닌 호텔을 찾은 셈이다.

여색과 골프와 테니스로 간간이 정치판이 시끄럽다.

권력을 손에 쥐고도 제 몸뚱어리의 안녕에 재미까지 누리는 것을 끈기 있게 성토할 필요가 있는 것일까?

그러지 말자.

이런 일에 노블리스건 오블리제건 운운하지 말자. 자본주의 사회에서 노블리스가 어디 있고 오블리제는 어디 있단 말인가. 세느 강엔들 그게 있겠는가?

말레콘의 라 루사 호텔

여러분들은 정말로 신기한 사진을 보고 있다.

대서양을 굽어보는 언덕 위에서 두 줄기로 하늘을 향해 뻗어 오른 야자.

야자는 오직 한 줄기로만 하늘을 향하는 지조의 나무이다.

그런 야자가 어떤 상처를 받았기에 이렇듯 희귀하게 두 줄기가 되었을까.

사람들은 말하기를 승리의 소망이 야자를 그렇게 만들었노라,

그렇게 믿을 수 없는 말을 천연덕스럽게도 한다.

바라코아의 서쪽에 위치한 유무리 강은 바다와 만나면서 검은 흙빛의 해변을 만들었다. 바라코아에 머물면서 손쉽게 다녀올 수 있는 유무리는 푸릴 산맥이 해안에까지 뿌린 산세로 무척 가파른 산을 등지고 있다. 동쪽의 융케 산과 함께 바라코아 인근의 대표적인 방문지이다.

유무리 강의 다리에는 강바람과 바닷바람, 골바람이 시원하게 불어서인지 난간은 마을사람들의 휴식처가 되었다. 장래의 어부를 꿈꾸는 아이와 바람 소리에도 웃음소리를 터뜨리는 처녀들. 유무리 강의 처녀들은 야속하기도 하지. 사진 한 장 찍을 새를 못 참아 뒤를 돌아보는구려.

바라코아 인근의 토아(Toa) 강 하구

토아 강의 다리에서 사진을 찍고 있는데 언덕길에서 자전거 한 대가 달려오다 멈추었다. 짐칸을 보니 금방 만들어 먹음직한 빵이 가득하다. 아시다시피 쿠바의 빵은 완전 유기농 빵.

"얘, 다섯 개만 주라."

주머니를 뒤적거려 컨버터블 페소 동전을 찾으면서 내가 점잖게 말했다. 워낙 크기가 작은 빵이라 다섯 개는 먹어야 먹었다고 할 수 있었다. 아이는 네 개를 내밀었다.

"어허, 다섯 개를 달라니까."

나는 혀를 차며 거금 1컨버터블 페소를 주었다. 아이는 고개를 흔들며 돈을 받지 않았다.

"배급은 네 개에요."

이렇게 말하더니 쏜살같이 자전거를 몰고 사라졌다. 짓궂게 생각하면 제 물건이 아니니 공짜로 준 것이고, 좋게 생각하면 허기져 보이는 치노에게도 배급을 해준 것이다. 나는 늘 좋게 생각하는 사람이다. 자식, 고맙다는 말은 듣고 갈 것이지.

훔볼트 국립공원

독일인 동식물학자 알렉산더 폰 훔볼트(Alexander von Humboldt)는 1799년부터 10년 동안 라틴아메리카를
탐사하며 특히 식물생태에 있어 귀중하고 탁월한 연구 성과를 『코스모스』(Kosmos)라는 5권의 책으로 남겼다.
훔볼트는 1800년 쿠바에 도착해 역시 쿠바 전역을 탐사하여 뛰어난 과학적 연구기록을 남겼다. 쿠바 동북부의
훔볼트 국립공원의 이름은 그런 그를 기념하기 위해 헌사되었다.

그렇게 나는 낙원에서 지옥의 입구로 접어들었다. 니켈의 이름으로 만들어진 지옥의 도시, 모아Moa. 노동자들은 황색의 안개 속에서 숨을 쉬었다. 황색의 연기는 공장과 거주지에서 노동자들과 노동자 가족들의 폐를 공격하고 있다. 당신들은 달러와 산업의 이름으로 노동자의 나라이기를 포기할 셈인가.

모아 ★
Moa

니켈은 쿠바 제일의 광물자원이며 세계 매장량의 절반을 쿠바가 차지하고 있다. 바라코아의 동쪽에 위치한 모아는 니켈 제련소가 위치한 곳이며 캐나다 자본으로 돌아가고 있다. 후진타오는 쿠바의 니켈산업에 대한 5억 달러의 투자약정서에 서명했다.

미국의 봉쇄 🚫

The blockade policy to Cuba

by U.S.A

미국의 봉쇄 The blockade policy to Cuba by U.S.A

1959년 혁명 이전까지 쿠바는 설탕 등 생산품의 80퍼센트를 미국에 수출하고 있었으며 식량과 공산품 등 수입의 85퍼센트를 미국에 의존하고 있었다. 쿠바경제의 대미의존도는 80퍼센트를 웃돌았다. 이같은 쿠바와 미국의 관계는 혁명 후 미국의 적대적인 태도로 극단을 향해 치달았다.

1959년 5월 토지개혁법이 통과하자 아이젠하워는 쿠바 내 미국 자산을 즉각적인 보상 없이 국유화할 경우 설탕쿼터를 없애고 모든 경제적 지원을 중단하겠다고 선언했다. 1960년 7월 미국은 '설탕법'(Sugar Act)을 통과시켜 남아 있던 1960년 쿠바의 설탕쿼터 70만 톤을 없애 버렸다(소련은 당시 미국이 없앤 70만 톤의 설탕쿼터를 인수하기로 발표).

쿠바에 대한 미국의 극단적 봉쇄는 대체로 존 F. 케네디가 그 터를 닦았다. 1961년 대통령에 취임한 케네디는 쿠바와의 단교를 선언했으며, 4월에는 피그스 만 침공까지 단행했다. 1962년 2월 케네디는 행정명령으로 쿠바에 대한 경제, 상거래, 금융 및 무역제재를 실시했다. 공식적으로는 이 금수조치가 봉쇄의 시작이 되었다. 같은 해 10월에는 쿠바 미사일 위기로 해상봉쇄가 이루어졌다. 쿠바에 대한 기나긴 미국의 봉쇄에는 미주기구(OAS) 또한 동원되었다. 1962년 1월 미국의 압력으로 미주기구는 쿠바의 회원국 자격을 박탈했으며, 1964년에는 쿠바에 대한 다국간 제재를 결의했다(1975년 7월에 해제).

쿠바의 미국 농산물 수입은 2005년 미재무부 산하의 외국자산 통제국(Office of Foreign Assets Control, OFAC)이 물품 인도 전의 현금결재를 선적 전의 현금결재로 TSRA의 규정을 바꾼 후 감소추세로 돌아섰다. 2004년 6월 미국은 쿠바를 대상으로 신경제봉쇄 조치를 단행했다.

1963년 2월에는 미국인의 쿠바여행 금지조치가 시작되었으며, 같은 해 7월에는 쿠바자산 관리규정(Cuban Assets Control Regulations)이 발표되면서 미국 내의 쿠바자산이 동결 되었다. 봉쇄의 와중인 1966년 11월 린든 존슨은 1959년 1월 혁명 이후 미국영토에 도착 한 모든 쿠바인에게 2년 뒤 영주권을 받을 수 있도록 한 쿠바조정법(Cuban Adjustment Act)에 서명했다. 이 법의 발효로 12만 3천여 명의 미국내 쿠바인이 영주권을 획득했다. 쿠 바조정법은 쿠바인들의 미국으로의 탈출을 극적으로 조장했다.

1979년 3월 지미 카터 행정부는 미국인의 쿠바여행 금지를 해제했지만 6개월마다의 갱신 요건이 있음에도 불구하고 갱신하지 않아 6개월의 효력에 그쳤다. 1982년 레이건 행정부 는 쿠바여행을 법적으로 다시 금지했다.

1990년대 소련과 동구권의 몰락으로 경제적 위기에 직면한 쿠바에 대해 미국은 봉쇄를 더 욱 강화했다. 대표적인 두 개의 법안은 모두 클린턴에 의해 발효되었다. 1992년 클린턴 행 정부는 1962년의 봉쇄법안을 더욱 강화한 토리첼리 법안으로 알려진 **쿠바민주법**(Cuban Democracy Act)을 발효했다.

★ 쿠바 항구에 기항한 선박의 미국 기항금지(6개월간).

★ 미국기업 해외지사의 대쿠바 교역금지.

★ 대쿠바 유무상 지원국에 대한 미국의 원조 및 무기판매 중단.

★ 쿠바의 반정부세력 지원.

1996년 헬름스 – 버튼법으로 알려진 **쿠바 자유민주 연대법**(Cuban Liberty and Demo-cracy Solidarity Act) 발효.

★ 1조 : 1963년 이래 행정명령으로 실시되어 온 교역 및 금융거래 금지조치를 법제화하고, 대쿠바 금수조치 해제 시에는 반드시 의회의 승인이 필요함을 규정.

★ 2조 : 쿠바에 민주정부가 들어설 경우에만 대쿠바 금수조치를 해제하며, 미국은 쿠바의 민주화를 지원하되 민주화 과정에서 카스트로와 그 측근의 참여를 배제.

★ 3조 : 1959년 혁명 이후 쿠바 정부가 국유화한 미국인 및 미국기업의 쿠바 내 자산을 외국기업이 사용·거래 시 그 금액이 5만 달러를 넘으면 미국인에게 해당기업에 대한 보상요구 소송을 미국법정에 제기할 수 있는 권리 부여.

★ 4조 : 쿠바가 국유화한 미국재산을 사용·거래하는 외국기업의 임직원과 그 직계가족에 대한 미국 입국 거부.

★ 기타 : 국제금융기구의 대쿠바 금융지원 및 회원국 영입을 반대.

★ 유보조항 : 대통령의 결정으로 국익 및 쿠바의 민주주의 증진을 위해 3조는 6개월 단위로 유보 가능.

※ 유럽연합 국가들은 이 법에 대해 세계무역기구(WTO)에 제소하겠다고 위협하고, 유엔 총회에서도 비난의 목소리가 들끓자 클린턴은 제3조의 법적효력 발생을 시한부로 유보했다.

2000년 10월 미국 내 농업관련 기업과 농민들의 압력으로 통과된 무역제재 개혁 수출개선법안은 수출 사전허가, 금융지원 금지 등의 조건으로 미국 농산물의 쿠바 수출 길을 열었다. 2001년 허리케인 미셸로 농업지역에 큰 타격을 받았던 쿠바는 2001년 12월 미국으로부터 3천만 달러의 식량을 수입하면서 1962년 금수조치 이후 39년 만에 최초로 양국 간의 직교역이 성사되었다. 쿠바의 미국농산물 수입은 2004년에는 4억 달러에 이를 정도였지만, 2005년 미 재무부 산하의 외국자산통제국(Office of Foreign Assets Control, OFAC)이 물품인도 전의 현금결재를 선적 전의 현금결재로 TSRA(Trade Sanctions Reform and Export Enhancement Act : 무역제재 개혁 및 수출 향상 법안)의 규정을 바꾼 후 감소추세로 돌아섰다. 2004년 6월 미국은 쿠바를 대상으로 신경제봉쇄 조치를 단행했다.

★ 쿠바내 민주화 단체 지원 확대.

★ 대쿠바 심리전 방송 전송능력 강화.

★ 쿠바계 미국인의 고국방문 회수를 연1회에서 3년에 1회로 축소했으며, 방문 시 사용할 수 있는 달러도 1일 163달러에서 50달러로 축소했다. 한편 고국으로 송금할 수 있는 달러도 3개월에 3백 달러에서 1백 달러로 줄였으며, 그 대상도 직계가족으로 축소했다.

LENIN FUE
NO SOLO UN
SINO UN HOM
DE PRACTIC
CONSTANTE

04
LA HABANA
아바나

피나르 델 리오

아바나

마탄사스

비야 클라라

시에고 데 아빌라

카마구에이

라스 투나스

올긴

후벤투드 섬

시엔푸에고스

상크티 스피라투스

그란마

산티아고 데 쿠바

관타나모

마리엘 방향

멜 리오 방향

쿠바를 식민지로 한 스페인이 신대륙으로 진출하면서 전진기지였으며 식민지무역의 가장 중요한 중개지였다. 때문에 아바나를 둘러싼 유럽제 국주의 간의 갈등이 첨예했으며 한때 영국의 침략으로 점령당하기도 했다. 1898년 독립과 함께 쿠바의 수도가 되었으며 이후 미국의 지배 아래 미국인들의 위락도시이자 환락도시로 발전했다. 아바나는 쿠바 현대사의 오욕과 영광을 고스란히 간직한 도시로 남아 있다. 두 차례에 걸친 식민지 시대의 흔적과 함께 독재정권, 혁명, 미국의 봉쇄, 소비에트 블록 시대, 소련의 몰락, 90년대의 위기 그리고 극복에 이르기까지의 모든 것을 고스란히 보여 주고 있는 아바나는 동시에 세계 현대사를 증언하고 있다.

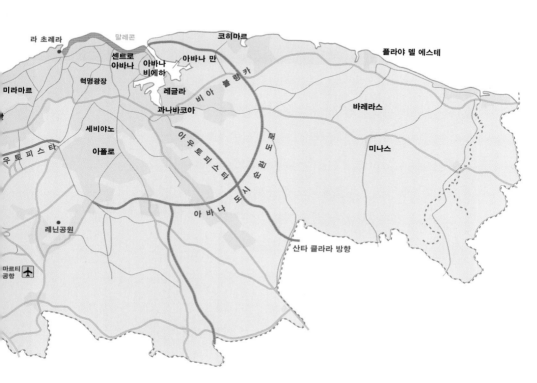

아바나
La Habana
★

아바나는 스페인 정복 초기에 세워졌던 7개의 정착지 중의 하나였다. 신대륙과 유럽을 잇는 전진기지로서 쿠바의 전략적 중요성이 가장 두드러지는 곳이 아바나였다. 그 이유는 아바나 만과 해류. 1556년 산티아고 데 쿠바의 총독관저가 아바나로 옮겨졌고 1592년 수도의 지위를 얻었다. 신대륙과의 무역거점으로서 아바나는 스페인의 경쟁자들과 해적의 위협을 받았고 요새가 발달했다.

아바나 비에하와 센트로 아바나 등 15개의 구(區)가 있으며 서울보다 큰 740평방킬로미터의 면적에 220만의 인구가 살고 있다. 아주 간단하게 아바나 시내의 전경을 관망하는 방법은 10월혁명구(區)의 언덕에 오르는 것이다. 한때 전망 좋은 이 언덕에 자리 잡았던 부유층의 주택은 이제는 낡고 허물어져 흉물스럽기까지 하지만 그 전망만큼은 여전히 옛적 그대로이다. 물론 아바나에서 가장 높은 구조물인 혁명기념탑의 전망대에 오를 수도 있다. 그러나 구불구불한 언덕길을 걸으며 몰락한 한때의 부유가 남긴 페이소스를 음미하거나 부자들이 쫓겨난 언덕을 점유한 지극히 평범한 아바나 사람들의 일상을 기웃거리며 산책할 수 있는 기회라면 전망대에서는 얻을 수 없다.

아바나 La Habana . 그 문턱을 앞두고 줄곧 보아 왔던 탓에 이제는 익숙하기 짝이 없는 선전판 하나가 눈에 들어왔다. 시경계 표지판이다.

'어서 오세요. 서울입니다.'

이런 말인 셈인데, 정확하게는 이렇게 씌여 있다.

'모든 쿠바인들의 수도에 오셨습니다.
Usted ha Llegado a La Capital de todos Los cubanos

'쿠바'의 수도 아바나가 아니라 '쿠바인'들의 수도에 온 것이다.
국가가 아니라 사람을 앞세운 발상이 신선하다.

자유, 조국, 혁명과 사회주의가 난무하는 쿠바에 또 하나 빠지지 않는 것이 있다면 '인간 Humanidad'이다. 현실에서는 조화를 이루기 쉽지 않은 단어들 이다. 인간적 자유, 인간적 조국(국가), 인간적 혁명, 인간적 사회주의.

'달력사진이네.'
이 사진을 보고 누군가 말했다. 나도 고개를 끄덕였다.
'그러네.'
뭐가 달력사진일까?

1603년 해적들로부터 아바나를 보호하기 위해 철옹성의 모로 요새가 세워졌다. 이 요새를 건설했던 이탈리아 건축가 보티스타 안토넬리(Bautista Antonelli)는 "이 언덕을 점령하는 자 아바나를 가질 것이다"는 말을 남겼다. 1762년 영국의 원정대가 아바나를 공격했다. 측면에서 공격을 받은 모로 요새는 마침내 함락되었고 안토넬리의 말대로 영국은 아바나를 손에 넣을 수 있었다. 물론 모로 요새를 손에 넣었다고 해서 곧 아바나를 함락시킬 수는 없었다. 병력이 증원되고 모로 요새의 포신을 아바나로 돌려 포격을 퍼부은 결과였다. 그러나 그들의 신은 그들을 돕지 않았다. 말라리아와 황열병과 싸워야 했고 아바나를 함락했을 때 절반으로 줄어든 원정대의 수는 그 뒤로도 계속 줄었다. 17개월 뒤 영국은 쿠바를 플로리다와 바꾸기로 스페인과 타협했고 아바나에서 물러갔다.

호리병의 목과 같은 입구를 가진 아바나 만은 천혜의 항구로서 손색이 없다. 장구한 역사를 가진 만큼 별 일도 많았다. 세계적으로 가장 널리 알려진 사건으로는 두 건의 침몰사건이 있다. 1898년 2월 15일 미 해군의 전함 메인호가 이 항구에서 폭침되었다. 201명이 목숨을 잃은 이 사건을 빌미로 미국은 스페인에 전쟁을 걸어 스페인의 식민지였던 쿠바와 푸에르토리코, 필리핀과 괌을 손에 넣었다. 혁명 직후인 1960년 3월 4일, 벨기에산 경무기를 싣고 있던 프랑스 화물선 라 쿠브르 La Coubre 호가 역시 폭침되었다. 101명이 죽고 200명 이상이 부상했으며 실종자도 부지기수였다. 폭침 후 구조 활동을 벌이던 중 2차 폭발이 있어 희생자가 늘었다. 이 두 사건 모두 미국 정보원들의 소행으로 알려져 있는데, 제 나라 군인 201명의 목숨을 수장시켜 버린 그 비정함이 놀랍다. 미국의 1차대전 참전을 가능하게 했던 루시티니아호의 침몰도 독일 잠수함의 어뢰공격으로 인한 것이라고는 하지만 영국과 프랑스로의 군수물자 수송을 허용하면서 뻔히 예견되었던 참사였던 점에서 역시 제 나라 사람들의 인명을 볼모로 전쟁에 참전한 것이다. 루시티니아호의 침몰로 1천 2백여 명의 미국인이 목숨을 잃었다.

모로 요새는 1603년 아바나 만을 지키는 철옹성의 요새로 세워졌다. 1762년 영국원정대가 육지로 돌아 이 요새를 점령했으나, 17개월 뒤 스페인과 아바나를 플로리다와 맞바꾸기로 하고 철수했다. 사진은 모로 요새의 포대 밑으로 본 아바나 베다도.

아바나의 명물 중 하나는 분명히 낡고 낡아 허물어져 내리고 있는 식민지풍의 건물들이다. 아바나 비에하와 센트로 아바나는 그런 건물들이 빼곡히 모여 허름한 스카이라인을 만들고 있다.

문득 파리를 떠올렸다. 유서 깊은 파리의 건물들은 모두 휘황했다. 도시에 즐비했던 수백 년 묵은 건물들은 방금 지은 건물처럼 싱싱해 보였고 게다가 금빛까지 두르고 있었다.

젊음을 유지하고 있는 파리의 건물들과 세월의 고단함을 못 이겨 무너지고 있는 아바나의 건물들. 1세계와 3세계, 남과 북, 제국주의 본국과 식민지의 시침은 같은 속도로 흐르지 않는다.

센트로 아바나 콘술라도 가(街)(왼쪽) / 파리 오페라 하우스(위)

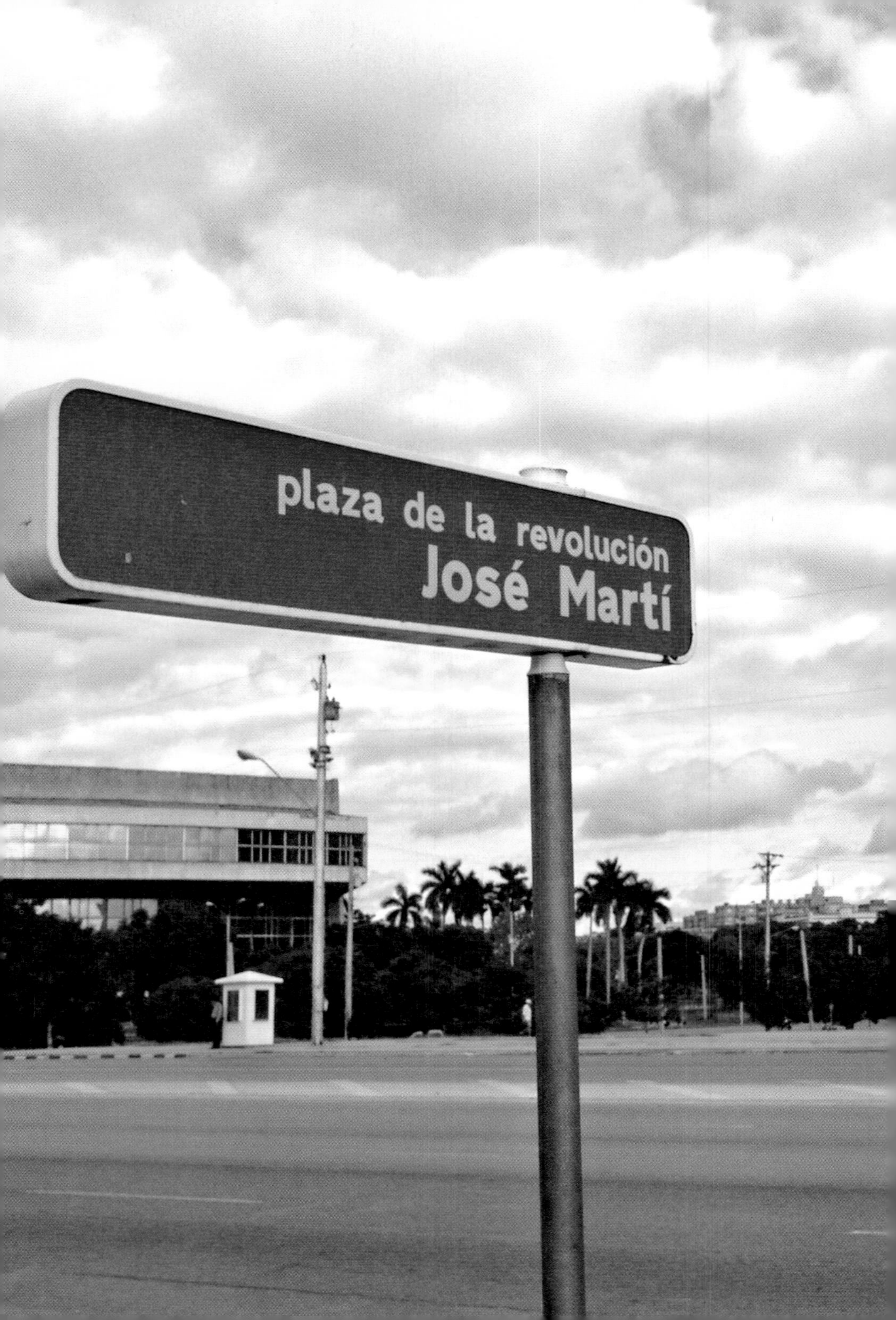
plaza de la revolución
José Martí

한때 공화국광장이었던 혁명광장에서는 120만의 군중이 집회를 열기도 했다.
베다도에 위치하고 있으며 아스팔트가 끓어오르는 정오 무렵을 피해서 가는 것이 좋다.

"승리할 때까지 Hasta la victoria Siempre"

그 말을 남기고 그는 돌아오지 않았다.

작별 인사였다.

그럼으로 그는 시간과 공간을 넘어 세상의 모든 사람과 만날 수 있었다.

혁명광장 호세 마르티 기념탑 뒤편의 쿠바공산당 중앙당사는 권력의 핵심을 상징한다. 피델 카스트로의 공식 집무실도 이곳에 있다. 그래서 이건 좀 비상식적인데 관광객이면 누구나 올라가 볼 수 있는 기념탑의 전망대에 서면 공산당 중앙당사를 한눈에 내려다볼 수 있다. 물론 그렇다고 해서 로켓포라도 날릴 수 있는 것은 아니겠지만.

마침 야자나무 숲으로 시야를 가린 당사의 입구를 지날 때쯤 잠깐 동안 교통통제가 있었다. 시커먼 벤츠 몇 대가 줄을 지어 나가고 있었다. 보안상 검은 벤츠 세 대가 나란히 간다는 카스트로의 행차를 읽은 기억이 떠올랐다. 우연인지 몰라도 검은 벤츠는 세 대였다.

적게는 60여 차례에서 많게는 6,000여 차례의 기록적인 암살시도가 있었다는 카스트로이고 보면 벤츠 세 대쯤이야 애교일 것이다. 교통통제라고 해도 당사에서 검은 차들이 빠져나갈 때까지 잠시 정지 신호를 보내는 정도였다. 아바나에서 가장 경계가 삼엄한 곳이 공산당 중앙당사라고는 하지만 청와대 앞과는 비교할 것도 없이 소박했다. 카스트로가 쿠바 남자의 평균수명을 넘겨 장수하는 비결이 어쩌면 그것인지도 모르겠다. 인명은 재천이라, 그렇게 읊조리면서 마음 비우고 50년 세월을 보내온 것인지도.

아바나에서 가장 높은 147미터의 호세 마르티 기념탑은 전망대에까지 엘리베이터를 타고 올라갈 수 있다. 기념탑의 뒤는 쿠바공산당 중앙당사이며 피델 카스트로의 집무실이 있다.

나는 종려나무 고장에서 자라난 순박하고 성실한 사내랍니다.

내가 죽기 전에 내 영혼의 시를 여기에
사랑하는 사람들에게 바치고 싶습니다.

내 시 구절들은 연두빛이지만,
늘 정열에 활활 타고 있는 진홍색이랍니다.
나의 시는
상처를 입고 산에서 은신처를 찾는 새끼 사슴과 같습니다.

7월이면 난 1월처럼 흰 장미를 키우겠어요.
내게 손을 내민 성실한 친구를 위해.

이 땅 위의 가난한 사람들과 내 행운을 나누고 싶습니다.
산 속의 냇물이 바다보다 더 큰 기쁨을 주는군요.

관타나메라 과히라 관타나메라
관타나메라 관타나모의 농사짓는 아낙네여.

여기 이 시를 쓴, 시인이자 소설가이며, 정치가이자 혁명가인 호세 마르티,
"단 한 사람이라도 불행한 사람이 있다면 그 누구도 편안하게 잠을 잘 권리
가 없다"고 말했던 그의 석상이 있다.

혁명광장의 호세 마르티 석상

피델 카스트로가 산티아고의 몬카다 병영을 습격했던 무모한 짓과 기꺼이 견줄 만한 일이 1957년 3월 아바나에서도 있었다. 학생운동 지도자였으며 공산주의자였던 호세 에체바리아 Jose Echevarria 가 이끄는 무장대원들은 두 패로 나뉘어져 라디오 방송국과 대통령궁을 습격했다. 방송국을 점거한 호세 에체바리아는 전원이 끊길 때까지 독재자 바티스타가 죽었다는 방송을 내보낸 후 아바나 대학으로 후퇴하다가 부근에서의 교전 중 사살당했다. 대통령궁을 습격했던 그룹 역시 운명은 별반 다르지 않았다. 모두 35명이 목숨을 잃은 사건이었다.

아바나 대학의 정문 계단 맞은편의 작은 공터에는 그를 기리는 기념탑과 흉상이 서 있다. 무심코 보고 있다 문득 이런 물음을 던졌다.

"될 것 같아서 일을 벌였던 거요?"

정복자들이 아바나를 발견하고 정착지를 세운 것은 1514년이지만 그때의 위치는 동쪽 해안이었다. 이윽고 그들은 지금의 아바나 만을 발견했고 천혜의 항구임을 알았다. 1519년 11월16일에 카빌도 Cabildo, 시의회 대표들이 모여 산 크리스토발 데 라 아바나 San Cristóbal de la Habana란 이름의 도시를 선포했다. 전해지는 이야기에 따르면 그때 인간들은 만 서쪽의 세이바 Ceiba 나무 아래에서 결의를 했다고 한다.

1754년에 기념비가 세워졌고 1828년에는 그레코로만 풍의 작은 기념건물이 그 옆에 만들어졌다. 도시의 탄생을 기원하는 기념행사는 17세기 초부터 행해졌다고 하는데, 언제부턴가 이런 믿음이 생겨났다. 세이바 나무를 돌면서 나무의 줄기를 세 번 만지고 소원을 빌면서 왼쪽 어깨 너머로 동전을 던지면 소원이 이루어진다는 믿음이다. 그후에 건물의 문을 세 번 두드리고 들어가 안의 성크리스토퍼의 초상을 보면 그것으로 기복祈福은 마무리된다. 아르마스 광장에 있는 엘 템플레테 El Templete가 바로 그 문제(?)의 건물이다. 앞뜰에는 크다고는 할 수 없는 세이바 나무가 우산처럼 벌린 가지를 머리에 이고 있다. 나무의 줄기는 사람의 손이 닿을 만한 높이에 반질반질하게 손때가 묻어 있다.

소원을 빈다는 것은 소원을 만나는 것이다. 어쩌면 자신의 소원이 무엇인지 단 한 번도 생각해 보지 못한 사람들에게 세이바 나무는 소원을 일깨워 줄지도 모를 일이다. 그로서 좋은 일이다. 나는 세이바 나무를 돌면서 세 번 나무의 줄기를 두드렸다. 동전을 왼쪽 어깨 너머로 던지거나 성당의 문을 두드리지는 않았다. 그쯤이라면 로또를 사는 편이 나은 것이다. 나무는 좁은 뜰을 가득 채우고 있다. 세이바 나무는 이보다 더 크게 자라는 나무이다. 1960년에 식재된 나무는 아직 백년이 되지 않았다. 누구의 소원이라도 들어주기에는 아직 너무도 어린 나무인 것이다.

혁명이 박물관에 틀어박히는 날이 혁명이 끝나는 날이다.
그런 점에서 혁명박물관은 혁명의 관이 되기도 한다.

아바나의 카피톨리오 El Capitolio는 미국 워싱턴 DC에 있는 국회의사당인 카피톨 Capitol의 복제품이다. 세워진 것은 쿠바의 장기집권 시대를 개막한 마차도 Machado정권 시절이던 1929년이었다. 용도는 워싱턴 DC의 것과 마찬가지로 국회의사당이었는데, 허수아비들을 위해 턱없이 근사한 놀이터를 지어준 셈이다. 당시로서는 천문학적 금액인 1천 7백만 달러의 공사비를 들였고, 5천 명의 노동자들이 3년 2개월 20일 동안 일을 했다고 한다. 게다가 돔 아래에 버티고 있는 17미터 높이의 공화국여신상은 세계에서 세번째로 큰 동상이다. 마차도는 카피톨리오가 워싱턴 DC의 카피톨보다 조금 크다는 점에 항상 자부심을 느꼈다고 전해진다. 건물이건 동상이건 크기, 높이를 선호하는 인간들의 정신세계란 딱히 꼬집어 말하기란 어렵지만 동류라는 것은 추측하기 어렵지 않다.

「맹물로 가는 자동차」란 영화가 있었다. 퍽도 오래전의 기억이다. 아바나 리브레 호텔의 2층 로비에서 알프레도 소사 브라보 Alfredo Sosa Bravo 의 「혁명 자동차」 Carro de la Revolución란 제목의 벽화를 보았을 때 나는 우습게도 그 기억을 떠올렸다. 혁명으로 가는 자동차는 전진하는 자동차이다. 벽화는 그 전진을 525개의 세라믹 타일로 형상화하고 있었다. 뒤로 가기도 하고 엉뚱한 길을 가기도 하면서 자동차는 전진한다. 길은 수없이 갈라진다. 누군가는 이리로, 누군가는 저리로 가려 한다. 그러나 자동차는 전진한다. 혁명으로 가는 자동차는 민주주의라는 내연기관으로 전진하는 자동차이다.

아바나 리브레(Habana Libre) 호텔은 혁명 직전인 1958년 3월에 힐튼이란 이름으로 문을 열었다. 혁명 후 미국인들의 자산이 국유화되면서 호텔의 이름은 '자유 아바나'로 바뀌었다. 호텔 입구 전면의 벽화는 여류 모더니스트 화가인 아멜리아 펠라에스(Amelia Pelaez)의 작품으로 혁명 전에 그려진 것이다.

미주자유무역지대 FTAA를 에스파뇰 약자로 옮기면 알카 ALCA가 된다. 예전 같으면 아바나 거리만의 구호로 끝났을 '노 알카 NO ALCA'의 구호가 지금은 라틴아메리카에서 그리 만만치 않은 세를 보이고 있다. 세상이 변하고 있는 것이다. 구호는 '노 알카'에 그치지 않고 '시 알바 SI ALBA'로 이어지고 있다. 알바 ALBA, 미주를 위한 볼리바르 대안는 쿠바와 베네수엘라가 알카에 대항해 주창한 대안기구이다. '우리들의 아메리카, 중단 없는 변화 Nuestra América Cambió Para Siempre'라는 구호가 공허하게 들리지 않는 시대이다.

평화란 세계가 원하고 필요로 하는 것이다 PAZ es lo que quiere y necesita EL
MUNDO.

그걸 모르는 자는 없으되 지난하고도 어려운 일이다.

전쟁을 갈망하는 자들이 숨을 쉬고 있는 한.

붕어빵엔 붕어가 없다. 모쪼록 그래야 한다. 붕어빵에 붕어가 있으면 큰일이
아닌가. 그래도 차이나타운에는 반드시 두 가지는 있어야 한다. 중국인과 중
국요리. 아바나의 차이나타운인 바리오 치노 Barrio Chino 에는 이 두 가지가
없다. 공맹孔孟이시여, 바리오 치노를 돌보소서.

그리하여 바리오 치노를 샅샅이 뒤진 끝에 중국인들을 볼 수 있는 유일한 장
소인 민치당民治黨 사무실을 찾을 수 있었다. 벽면에는 공자인지 맹자인지와
손문의 초상화가 걸려 있다. 마오쩌둥이 아니라 손문인 것이 이채롭다. 여하
튼 덩샤오핑이 아닌 것은 다행이다.

말레콘의 해안방파제

말레콘에 가지 않았으면 아바나에 온 것이 아니지요.

아바나 만의 입구에서 서쪽을 향해 8킬로미터에 가깝게 뻗어 있는 육중한 콘크리트 방파제와 해안도로가 말레콘의 실체이다. 아바나의 무너져 내리는 퀴퀴한 건물들의 숲에서 말레콘으로 빠져나오는 순간 툭 트인 열린 공간과 수평선을 마주하는 느낌을 경험한다면 아바나 사람들이 마치 절벽을 찾는 레밍인 양 말레콘을 찾는 이유를 얼마간 짐작할 수 있다.

싱그러운 바닷바람, 방파제를 희롱하다 심술궂게 도로를 덮치는 파도, 낚시꾼들, 방파제를 베개삼아 오수에 빠진 아바네로스 Habaneros, 아바나 사람들, 솔로들의 억장을 무너뜨리는 연인들의 과도한 애정행각, 어머니의 손을 잡고 방파제 위를 걷는 아이들의 웃음소리, 수영을 즐기는 아이들, 연 날리는 아이, 늙은 뮤지션이 퉁기는 기타의 경쾌하지만 서글픈 선율, 수평선 위를 가로지르는 상선들, 그 수평선 위로 피어나는 구름들, 올드에서 뉴로 이어지는 스카이라인이 빚어내는 현대사의 굴곡. 말레콘의 소묘라면 그런 것들인데, 덧붙인다면 아바나에서 미국 식민지 시절의 흔적이 가장 짙게 배어 있는 거리가 말레콘이다. 1901년 쿠바의 새로운 주인으로 등장한 미국이 아바나에 남긴 첫 흔적이 말레콘이며, 도로변에 국적불명의 건물들을 지은 것도, 베다도에 신시가지를 만든 것도 미국인들이었으니 말레콘은 미국 식민지 시대의 사진첩이라고도 할 수 있다.

『아케이드 프로젝트』에서 벤야민이 해부했던 파리는 화려함과 풍성함, 그리고 그 이면에 작동하는 자본의 무자비한 탐욕과 억압성이었다. 상품으로서, 집합적 소비로서 오늘날 모든 도시는 격렬하게 들끓는 모순의 집약된 공간으로 존재한다. 부유하면 부유한 대로, 빈곤하면 빈곤한 대로 모든 도시에 예외가 없다는 것은 때때로 충격적이다. 빛과 어둠, 물신과 소외, 탐욕과 절망, 약육강식, 불안과 초조, 그 모든 것들이 뒤엉켜 24시간을 메워 버리는 도시에서 인간의 실체는 빠르게 희미해지고 결국은 메트로폴리스만이 남게 된다. 그런 점에서 아바나라는 도시는 아주 이상한 도시이다. 시간은 천천히 흐르고 사람들은 더딘 시간 속에 발을 딛고, 그 시간 속에 낚싯대를 드리운다.

완전한 무소유의 인간도 즐길 수 있는 유일한 레크레이션. 낮잠이다. 말레콘의 오수는 정오 무렵이 아닌 늦은 오후, 슬쩍 구름이 끼어 있을 때 적당하다. 말레콘의 콘크리트 방파제 둔덕에 누워 태평스럽게 잠에 빠진 사람들을 보고 있으면 이 낡고 추레한 도시가 그처럼 풍요롭게 느껴질 수가 없다. 그건 아무래도 뉴욕의 센트럴 파크 어느 구석의 벤치에서 때에 전 외투를 두른 채 잠에 빠져 있던 홈리스와 네모난 종이박스 안에서 잠을 청하고 있던 도쿄 우에노 공원의 노숙자, 영하 30도의 혹한에 지하철 환풍기 위에서 담요를 두르고 쓰러져 있던 캐나다 토론토의 홈리스, 서울과 런던, 파리와 로마, 방콕과 자카르타와 프놈펜의 그 절망스럽고 야만적인 잠들이 떠올랐기 때문일 것이다.

샌프란시스코의 노숙자

말레콘에 연인들이 없을 수 없다.

물론, 짝 잃은 원앙인들 왜 없겠습니까.

말레콘의 서쪽 끝 라 초레라. 평일 늦은 오전인데 학교를 땡땡이친 중학생이
라 초레라 타워 아래에서 철썩이는 파도를 지켜보며 상념에 젖어 있다. 무슨
사정이 있겠지. 사춘기일까. 얼마 동안 지켜보고 있었더니 나도 그만 우울해
졌다. 딴에는 심각한 고민이 있는 것이겠지.

쿠바의 아이들에게도 고민은 있다. 아이들의 고민은 만국공통이다. 만국의
아이들이여……

작열하는 태양으로 아직 머리꼭지가 알알한 이른 오후. 모로 요새의 성벽 그늘을 따라 걸어나오던 내게, 입구의 의자에 앉아 있던 육중한 체구의 중년여인이 말을 걸었다.

"너 과테말라에서 왔지?"

"아니, 한국에서 왔는데."

"에이, 거짓말. 과테말라에서 왔잖아."

"……"

"꼭 우리 옆집사내 닮았구만."

여인은 과테말라에서 온 관광객이었다. 내가 이 여인의 옆집사내를 닮았다니. 그동안 살이 좀 타기는 했어도 국적이 바뀔 정도인가. 쿠바에 온 후 내내 치노 취급을 받더니 이젠 또 과테말라 사람이다. 그날 저녁 돌아와 화장실의 거울에 비친 내 얼굴을 자세히 살펴보았다. 뭐, 과테말라에 가본 적은 없지만 거긴 이렇게 생겨먹은 사내도 있는 모양이다. 음. 내가 아주 약간, 손톱만큼 무국적스러운 구석이 없지는 않다. 라오스에선 "너 라오스 사람이지." 이런 말을 들었던 적도 있잖아. 미얀마에서도 그랬고. 인종이란 얼마나 구분하기 어려우며 얼마나 무의미한 것인가. 그냥 솔직하게(…) 과테말라에서 왔다고 말할 걸 그랬다.

모로 요새에서는 말레콘과 그 너머의 아바나. 아바나 비에하에서 베다도로 이어지며 스카이라인이 불쑥 바뀌는 모습을 볼 수 있다.

센트로 아바나의 스튜디오 입구의 고양이.

프라도(Prado)의 사자. 프라도는 현재 파세오 델 마르티(Paseo del Marti)로 이름이 바뀌었다.

아바나 30지구 6반의 혁명수호위원회 위원장 구스타보 할머니는 현업에서 물러난 연금생활자이다. "피델은 잘하고 있나요?"라고 물었더니, 벽에 걸린 간판을 떼어 들고 "비바 피델. 비바 레볼루시온"이라고 말하면서 흔들어댄다. "할머니, 다시 벽에 걸어 주세요. 사진 찍게." 간신히 할머니를 제압하고 카메라를 들었더니 뷰파인더가 영 심심하다. 그 눈치를 챈 구스타보 할머니가 냉큼 손녀의 등을 밀었다. 이 정도 눈치는 있어야 위원장도 할 수 있는 것이다.

혁명수호위원회(CDR)는 미국의 피그스 만 침공 직후인 1962년 풀뿌리 조직으로 탄생했다. 인민위원회에 해당한다. 쿠바의 어느 곳에서나 흔히 볼 수 있는 CDR 간판은 지역마다 지구마다 개성이 특출해 비교하면서 감상하는 맛이 제법이다.

어느 길에선가 1950년대 시보레 자동차가 보닛이 열린 채 내장을 드러내고 있는 꼴을 보았다. 50년대 자동차의 엔진룸은 어떻게 생겨먹었는지 구경삼아 정비공들의 어깨너머를 기웃거렸다. 후드 지지대 대신 두툼한 각목 하나를 세워 받쳐둔 것이 재미있다. 새시는 이미 녹이 슬어 처참한 몰골이다. 스트럿의 구조도 지금과 사뭇 달라 보인다. 철판을 오려 만든 라디에타 팬과 정체불명의 카브레이터를 보고 있으니 50년대 미국산 자동차에 관한 한 세계 최고의 기술을 자랑한다는 아바나 자동차 정비공들의 명성을 이해할 수 있다. 모르긴 해도 원래의 부품들은 대부분이 존재하지 않았다. 남아 있는 것은 엔진보디가 고작이 아닐까 싶었다.

견인이란 개념이 부재한 아바나에서는 차가 퍼지면 출장서비스가 기본이다. 어디선가 삽시간에 등장한 기술자들은 멈춘 차를 반드시 굴러가게 해주곤 사라진다. 휴대장비라야 배터리 하나에 휘발유 한 통, 스패너 몇 개와 해머가 고작이다. 정비공에게서 들은 이야기이지만 엔진보디를 빼고는 모두 만들 수 있다고 한다.

"엔진보디는 못 만드는군요."

"차대번호가 엔진보디에 찍혀 있어서 불법이에요."

말인즉 엔진보디도 만들 수 있다는 말씀.

봉쇄 40년 만에 도달한 기술적 성취이다. 후일 쿠바가 자동차 생산국으로 발돋움하면 미국에게 고마워해야 할는지도 모를 일이다.

쿠바에서 50년대 미국자동차 다음으로 자주 볼 수 있는 차는 70년대 이후 소련에서 수입된 라다(Lada)이다. 풍선처럼 부풀어 오를 대로 오른 미제(오른쪽 위 사진)와 양증맞기 짝이 없는 소련제(오른쪽 아래 사진)는 이미 몰락해 버린 소련의 비애와 여전히 지구상의 초강대국으로 존재하고 있는 미국의 오만을 은유하는 것처럼 보인다.

놀라지 마시라. 버스 운전사가 점심이라도 먹으러 간 사이 미래의 버스 드라이버를 꿈꾸는 소년이 슬금슬금 눈치를 보더니 운전석을 차지했다. 내가 이 아이 또래였을 때 난 도대체 뭐가 되고 싶었던 걸까. 아마 버스 운전사는 아니었을 것이다. 기억은 희미하지만 뭐 대통령이나 장군이었겠지. 그 정도 포부를 피력하지 않으면 한심하기 짝이 없는 어린아이로 공연한 홀대를 받아야 했으니까. 어릴 적에 누군가 "너 뭐가 되고 싶니?"라고 물었을 때 "달고나 아저씨요"라고 대답할 정도로 영혼이 맑았던, 또는 눈치가 없었던 동네 친구가 있었다.

작은 화덕 하나에 국자 서너 개를 들고 다니며 학교 앞 골목 어귀에 벌려 놓고 달고나를 녹여 주던 아저씨. 그 아저씨가 장래의 소망이라던 그 녀석의 말은 부모의 억장을 간단하게 무너뜨렸다. 이건희와 달고나 아저씨는 평등한가? 물론 평등하다. 이건희의 덕德과 달고나 아저씨의 덕은 서로 다르기 때문에 평등하다. 같지 않은 것은 우열로 비교할 수 없다. 우린 모두 서로 다르다. 우린 모두 평등하다. 이 평등을 깨뜨리는 덕은 이미 덕이 아니다. 소크라테스는 독을 마실 만했다.

아바나 비에하의 아파트 발코니

아바나에서 뭔가 수상쩍은 거래가 이루어지는 현장을 목격하고 싶다면 아주 조금만 관심을 기울이는 것으로 족하다. 암시장은 아바나의 어느 곳에나 존재한다. 심지어는 국영상점의 한편에서 암거래가 이루어지는 것을 보는 것도 어렵지 않다. 물건은 어디에서 공급되는 것일까. 답은 간단하다. 암시장의 물건은 대부분 국영창고에서 흘러나온다. 아바나의 일상이 도둑질의 일상이라는 말도 그래서 흘러나온다.

달걀이나 분유나 닭을 훔치는 것에 그치지 않고 휘발유와 자재에 손을 대는 일이 빈번해지면서 쿠바 정부는 특단의 조치를 실천에 옮겼다. 쿠바 전역의 주유소 종업원들을 젊은 사회봉사원으로 바꾸어 버린 것이다. 그 결과 하루 10만 달러의 매출이 늘었다고 한다. 결국 그동안 하루 10만 달러의 휘발유가 사라졌다는 뜻이니 도둑질은 이미 바늘도둑에서 소도둑의 경지에 오른 셈이다. 이중경제와 암시장은 쿠바 사회주의의 시험대가 되고 있다.

추로스 57.5그램에 2페소.
글쎄, 난 전자저울이라도 갖고 있는 줄 알았다니까.

아바나 비에하의 뒷골목.

"한 입 주라~"

형제인 양 어깨에 찰싹 달라붙은 아이의 애달픈 표정에도 불구하고 하드를 손에 든 아이의 표정은 요지부동이다. 바야흐로 하드를 빌미로 작은 빈부가 발생한 셈이다. 하드를 쥔 아이는 곧 외톨이가 되었다. 그러나 더운 날의 하드는 오래가지 못하는 법. 잠깐 보고 있는 동안에 입으로 빨리고 땅으로 떨어지고 막대기만 남자, 아이가 쥐고 있던 부 또한 볼품없는 뼈다귀가 되었다. 아이들이기 때문일까. 빈손으로 투항한 한때의 부자를, 남은 아이들은 흔쾌하게 친구로 받아주었다. 다시 가난해졌으므로.

아바나의 무더위

"한편, 스와닐다는 코펠리아의 옷으로 변장하고 코펠리우스는 커튼을 열어 코펠리아의
얼굴을 향해 주문을 걸기 시작한다. 그의 주문이 효력을 발휘한 듯 코펠리아는 생명을 갖게
된다. 코펠리우스가 주문을 걸면 걸수록 코펠리아가 더욱 유연해지며 살아 숨쉬는 것처럼
생기가 돌자 그는 기뻐한다." 발레 「코펠리아」(Coppelia) 중에서

발레에서는 인형이었던 코펠리아가 아바나에서는 아이스크림으로 변신을 꾀한다. 아바네로스라면 남녀노소 할 것 없이 모두가 즐기는 최상의 군것질거리인 아이스크림 중에서 으뜸으로 치는 것은 코펠리아 Coppelia

"아이스크림은 코펠리아가 최고야."

어느 날 뮤지션 헤수스 Jesus가 침을 흘렸다. 그렇게 맛이 좋을까?

"우리 코펠리아 먹으러 갈까."

"어떤 걸로?"

"어떤 거라니?"

"컨버터블 페소로 먹을까, 쿠바 페소로 먹을까."

"뭐가 달라?" 아바나에서는 꼼짝없이 시골생쥐에 불과한 나는 미간을 좁혔다. 아바나 생쥐 헤수스는 아랑곳하지 않고 입맛을 다시며 말했다.

"컨버터블 페소가 맛이 좋아. 기가 막히지. 비교를 못해."

"젠장!"

모든 아이스크림은 국영공장에서 생산되고 국영기업의 손으로 판매된다. 애어른 할 것 없이 쩝쩝거리는 아이스크림에 이중경제를 도입하다니.

그날 밤 아바나 리브레 호텔 앞에서 1컨버터블 페소짜리 코펠리아의 맛을 본 나는 다음 날 인민들의 코펠리아를 찾아나섰다. 헤수스의 말대로 맛이 확연히 다르다면 카스트로의 인형을 만들어 엉덩이에 침을 박을 생각이었다. 맛은 별반 다르지 않았다. 관광객의 호주머니를 털기 위한 코펠리아 판매부스를 별도로 둔 것일 뿐이었다. 그러나 입맛이 아이스크림을 규정하지 못하고, 관념이 입맛을 규정하도록 한다면 온당한 사회주의인가.

여하튼 코펠리아의 맛은 그 명성을 의심하지 않게 한다. 어설픈 31가지 모두를 대적할 수 있는 그런 맛이다.

아바나의 쇼핑가 오비스포 Obispo 거리는 좁은 골목이다. 그 골목의 양편으로는 유럽산 수입물품들을 그득하게 진열해 놓은 국영 달러상점들이 줄을지어 이중경제의 꽃을 피우고 있다. 90년대 경제적 위기의 궁여지책이었던 이중경제는 소비와 상품에 대한 욕망으로 변신해 체제의 목을 조르고 있다. 평범한 아바나 시민의 일주일치 급여에 해당하는 2달러 40센트짜리 로레알 머리염색약을 올려보는 젊은 여자의 시선이 쇼윈도우 너머에서 비수처럼 번뜩인다.

카스트로는 이렇게 말했다.

"우리는 좀더 잘 살게 되겠지만 소비사회로 가려는 것은 아니다. 우리는 새로운 세계를 만들어야 한다."

문제는 이중경제가 그 새로운 세계로 가는 길에 무척 강고한 벽으로 버티고 있다는 것이다.

쿠바에서는 쿠바페소(Moneda Nacional)와 전환페소(Pesos Convertibles) 두 가지 화폐가 통용된다. 전환페소는 일종의 '외화바꿈표'이다. 가치는 달러와 페그(peg)되어 있으며 국립은행이 보유하고 있는 달러만큼 발행할 수 있다. 국영 달러상점에서는 전환페소만을 사용할 수 있어 이중경제의 상징이 되고 있다. 환율은 25:1 정도이며 쿠바정부는 쿠바페소의 가치를 점차 끌어올릴 것을 약속하고 있다.

막대사탕 입에 물고 눈을 내려 깔고 있는 이 거만한 국영식당 종업원을 보시라. 맞은편 손님의 찡그린 표정이 십분, 아니 백분 이해가 되실 것이다. 친절이 무엇인지 모르는 이 어린 종업원은 외국인인 내게는 메뉴에도 없는 기괴한 음식과 각테일을 기막힌 가격으로 팔아넘기기 위해 혈안이 되어 있었다. 나는 손님이 왕이라는 말을 하려는 것도 아니고, 친절해야 한다는 말을 하려는 것도 아니다. 관광객의 등을 치는 일을 꾸짖으려는 것도 아니다. 다만, 그녀가 노동의 가치에 눈을 감고 그 영혼을 달러에 팔고 있음을, 그것이 단지 그녀에게만 물어야 할 책임이 아님을 안타까워하고 있는 것이다.

농민시장은 흔히 매도되는 것과 달리 시장경제의 도입과는 무관하다. 농민시장에 농산물을 판매할 수 있는 주체가 협동조합 등으로 정해져 있고, 그 가격 또한 정부와 국영농장 등을 통해 정책적으로 결정되고 있다. 그러나 제한적으로나마 농민시장을 통해 가격이 결정되고 있다.

화려한 옷으로 치장한 댄서들은 한껏 웃음 띤 얼굴로 무대 위를 돈다. 식민지의 추억. 한 푼의 달러를 위해 허리를 굽신거리던 구두닦이의 추억. 어두운 거리로 새어나오던 카지노의 휘황한 불빛 아래 몸을 팔던 뮬라토 여인의 추억. 럼주에 젖어 시가를 문 헤밍웨이를 싣고 말레콘을 달리던 인력거꾼의 추억. 검은 중절모를 비스듬히 내려 쓴 시카고 마피아의 추억. 섬의 모든 산과 들, 돌과 금속을 소유했던 미국 자본주의의 추억. 바티스타의 추억. 제국주의의 추억.

무희들은 휘황한 조명 아래 차랑가의 리듬에 맞추어 쉴새없이 몸을 돌리며 관광의 이름 아래 슬픔과 비감, 몽상과 비애, 분노의 추억을 판다.

Tour Tip

1919년 금주령이 선포된 후 아바나는 미국인들의 낙원이었다. 아바나는 술과 카지노, 매춘으로 미국인들에게 봉사했고 마피아가 아바나의 환락가를 장악했다. 나이트클럽과 카바레의 쇼는 당시 아메리카 대륙에서 가장 환상적이고 퇴폐적인 쇼로 명성을 떨쳤다. 1990년대 본격적인 관광개방 이후 쇼는 관광상품으로 가장 먼저 자리를 잡았다. 가장 유명한 쇼는 트로피카나 나이트클럽의 쇼. 자리에 따라 70~90달러를 지불해야 한다. 나시오날이나 리비에라, 아바나 리브레 호텔 등의 나이트클럽에서도 비슷한 쇼를 구경할 수 있다.

말레콘의 뮤지션들

아바나에 도착하던 날 만난 뮤지션 헤수스(Jesus)는 멕시코 아버지와 쿠바 어머니 사이에서 태어난 말하자면 쿠바에서도 흔하지 않은 메스티소와의 혼혈이다. 유럽에서 음반을 내기도 한 제법 명성을 얻은 그룹의 일원으로 보컬을 맡고 있다. 어느 날 저녁식사에 초대를 하더니 밥 줄 생각은 안하고 아내와 함께 노래하고 춤을 춘다. 곡을 청하라기에 허기진 배를 움켜쥐고 「관타나메라」를 부탁했다. 입맛을 다시더니 제멋대로 다른 노래를 부른다. 「설탕은 역시 쿠바가 최고라네」라는 노래였다. 신나는 노래를 부르고 싶었던 모양이다. 설탕은 역시 쿠바가 최고라고 믿지 않을 도리가 없는 노래였다.

빔 벤더스의 「부에나비스타 소셜클럽」 이래 쿠바음악은 세계적 명성을 얻었다지만 정작 쿠바에서는 무심한 듯하다. 봇물처럼 앨범들이 발매되었지만 대부분은 해외에서의 발매이고 그걸 듣는 쿠바사람들도 많지 않다. 시디 플레이어도 흔치 않고 10달러를 훌쩍 뛰어넘는 시디를 살 수 있는 사람도 드물다. 어지간하면 불법시디가 돌 만한데 이곳은 중국이 아닌 쿠바. 기대할 수 없는 일이다.

아바나의 뮤지션들 역시 그런 시디와 별로 다르지 않다. 결국은 관광산업의 부속품이랄까. 레스토랑이건, 나이트클럽이건, 카사 데 뮤지카와 아메리카와 같은 공연장이건 외국인 관광객을 상대한다는 점에서는 손톱만큼도 차이가 없다. 1920~1950년대 미국 식민지 시절의 뮤지션들도 아마 같은 처지였을 것이다. 거리의 뮤지션들이라 그럴듯하게 포장하지만 관광객들을 상대로 기타를 퉁기고 마라카스를 흔들어대는 대신 손을 벌리는 관광산업의 종사자일 뿐이다.

춤추고 노래하기로 따라올 자가 없다는 쿠바사람들. 아바나에 도착한 날 저녁은 토요일 저녁이었다. 아바나 비에하의 어느 어두운 골목에서 붐박스 하나를 놓고 백여 명이 모여 춤추고 노래하고 있었다. 카마구에이의 광장에서는 앰프와 대형스피커를 놓고 수백 명의 남녀노소들이 밤을 새워 춤추고 있었다.

산 라파엘의 악기상점에서 본 악기들은 누구나 쉽게 넘볼 수 없는 가격표를 붙여 놓고 있었다. 말레콘 근처의 거리에서 아이들은 나무 막대기로 양철통과 플라스틱 통을 두드리고 있었다. 트리니다드의 음악광장 앞에서 아이들은 아바나클럽의 종이박스를 두드리고 있었다. 그들의 음악은 부에나비스타 소셜클럽이 간직하고 있는 식민지 시절과는 다른 음악이었다.

쿠바의 민속종교라고도 할 수 있는 산테리아Santeria의 의식에서 시가는 자못 중요한 역할을 하는 것으로 알려져 있다. 시가는 정령이자 신인 오리샤를 부르는 매체이다. 불 붙인 시가를 입에 물고 입을 벌리지 않고 시가의 불이 꺼질 때까지 연기를 빨아들인 후 허공에 뿜어대는 것이 방법이다. 아무리 짧은 몽당시가라도 그럴 수 있을까. 만약 그럴 수 있다면 무당이 작두를 타는 것보다 더 대단하고 흥미진진할 것이라고 생각했다. 한데 정작 시가를 문 아낙은 그냥 뻑뻑 피워댈 뿐이었다. 하긴 그래야 한다. 책에 쓰인 대로 한다면 아낙은 오리샤가 오기 전에 오리샤에게로 가버리게 될 것이다.

오리샤를 부르는 역할은 다섯 명의 건장한 사내들에게 있는 듯했다. 모두들 멋진 모자를 쓰고 나무상자와 숟가락, 철판과 나무토막을 두드려대면서 땀을 뻘뻘 흘리며 단조롭되 격렬한 노래를 부르고 있었다. 모인 사람들은 리듬에 맞추어 쉬지 않고 춤을 춘다. 분위기는 우리의 굿과 같았지만 무당만 신이 나는 것이 아니라 모두들 신을 내는 것이 말하자면 모두가 참여하는 굿이 산테리아였다.

여행객들에게 아바나는 센트로 아바나와 아바나 비에하 Habana Vieja, 베다도 Vedado 정도에 불과하지만, 정작 아바나 시는 면적이 740km²에 달하는 서울보다 큰 도시이다. 사람들은 이런저런 이유로 오갈 일이 많지만 절대적으로 버스가 귀한 아바나에서 교통난은 일상일 뿐이다. 그런 아바나의 명물 중 하나는 보통 버스보다 두 배쯤은 긴 길이의 낙타버스 Camello이다. 트레일러를 개조한 아바나 특산 버스이다. 사람들이 오르고 내릴 수 있도록 중간을 주저앉혀 놓았는데 그 때문에 두 개의 혹을 가진 낙타처럼 보여 낙타버스라는 별명을 얻었다. 버스가 없으면 트럭의 짐칸에 그대로 인간을 적재하기 마련인데, 그럴 듯하게 버스를 만들었으니 손재주가 출중한 사람들이다. 빨강과 노랑, 핑크, 무지개 빛으로 단장해 놓은 낙타버스는 각각 노선이 다르다.

사람들은 언제 올지 모르는 버스를 늘 기다린다. 도를 닦는 사람들 같다. 버스가 나타났을 때에도 아귀다툼은 벌어지지 않는다. 푸시맨이 있는 것도 아니다. 버스도 극악무도하게 붐비는 것은 아니다(서울의 만원버스와 만원지하철을 경험한 사람에게는). 그나저나 버스가 귀하니 사람들은 어떻게 출근시간을 맞출까. 아바나 대학에서 만난 스페인어 선생에게 물었더니 고개를 절레절레 흔든다. 새벽 4시에 집에서 나와 8시에 학교에 도착한단다. 피곤해 죽겠단다. 그래서일까, 3시가 지나면 아바나 대학에서는 교수의 얼굴을 찾기가 힘들어진다. 집에서 저녁을 먹으려면 그쯤이면 내빼야 하는 것이다.

모든 쿠바의 어린이들은 15살이 될 때까지 생일케이크를 배급받을 수 있다. 제과 배급소를 기웃거릴 때 보니까 아이의 생일을 앞둔 어머니는 케이크의 모양을 설명하고 배급소 노동자는 수첩에 받아 적고 있었다. 공장에서 꾹꾹 찍은 케이크를 주지는 않는 모양이었다. 아이의 생일날 케이크를 주는 쿠바지만 우리의 위대한 피델 카스트로 동지의 생일에는 아무것도 주지 않는다. 몇 번인가 사람들에게 물은 적이 있었다.

"피델의 생일이 언제지요?"
"그걸 내가 어떻게 알아."
"그럼 체 게바라의 생일은……"
"……"

내가 어떤 취급을 받아야 했는지는 말하지 않는 편이 낫겠다.

아이들은 7살까지 하루 1리터의 우유를, 이후 14살까지는 1리터의 요구르트를 배급받는다.
아이들의 98퍼센트는 병원에서 태어난다. 갓난아이들은 모유를 먹으며
이 기간 동안 우유는 어머니가 먹는다. 62살이 넘은 노인들은 분유를 배급받는다.
콜레스테롤 수치가 높은 성인 역시 분유를 배급받을 수 있다.

쿠바 교육의 특징 중 하나는 '가난한 나라, 고질의 교육'으로 일컬어진다. 한 나라에게 있어 가장 적절한 교육예산으로 유네스코가 권유하는 것은 GDP의 6퍼센트. OECD 가입국인 한국이 2004년에야 겨우 5퍼센트를 넘는 교육예산을 편성하고 북 치고 장구 칠 때 지구 반대편의 가난한 섬나라에서는 몇십 년 전부터 GDP의 10퍼센트가 넘는 예산을 교육에 쓰고 있었다.

한국도 쿠바도 9년의 의무교육을 헌법에 명시하고 있다. 그런데 의무교육이라면 최소한 교복과 학용품 그리고 급식 정도는 국가에서 무상으로 제공해야 되는 것이 아닌가. 찢어지게 가난하지만, 쿠바라는 나라에서는 그렇게 한다.

한국에서는 초등학교에서 교사 한 명이 32.2명의 학생을 가르친다. 쿠바에서는 12명을 가르친다. 한국의 중학교에서는 교사 한 명이 21.9명을 가르친다. 쿠바의 중학교에서는 10명을 가르친다.

또 하나. 쿠바에는 학생 수가 10명 이하인 학교가 2천 개가 넘는다. 한국의 농촌에는 폐교가 널려 가고 있지만 쿠바에서는 가르칠 학생이 있는 한, 산꼭대기에도 학교를 짓고 교사를 보낸다.

유치원 아이들은 파란 스카프. 초등학교 아이들은 붉은 스카프를 맨다.
중학교 아이들은 스카프를 매지 않는다. 교복의 웃옷은 모두 흰색이지만
유치원과 초등학교 아이들은 스카프와 같은 색의 아래옷을
중학생 아이들은 노란색 아래옷을 입는다.

아바나 만 건너편 레글라Regla는 정유공장이 세워진 공업지대이자 산업 노동자들의 거주지역이다. 하릴없이 레글라의 언덕길을 오르고 내리다 콜리나 레닌 뒤편에서 유치원을 만났다. 마침 쉬는 시간인지 아이들이 앞뜰에 몰려나와 있었다. 천진하고 난만한 아이들을 보면서 문득 나는 지금까지 보았던 아이들을 생각했다. 집에서는 외톨이인 아이들이 많았다. 90년대의 핍진했던 세월의 흔적이 아이들의 눈망울에 어른거리는 듯하다. 목구멍에 풀칠하기 어려워 아이 하나를 더 가진다는 것은 엄두를 낼 수도 없었던 그 시간들. 아이들은 알지 못할 것이다. 자신들이 왜 '위기의 아이들'로 기억되고 있는지.

콜리나 레닌(Colina Lenin)은 아마도 지구상에서 유일한 레닌의 사거 기념공원이다. 사거 60주년을 기념하고 있으며 1984년 세워졌다. 가파른 비탈에 고정된 레닌의 흉상부조 아래 그를 떠받드는 인민을 흰 석상들로 표현한, 예술적으로는 좀 거시기한 조형물을 만날 수 있다. 고르바초프의 페레스트로이카 이후 흔들리는 소련과의 관계, 경제적 균열의 시기였던 80년대 중반에 사상을 강조한 흔적이다.

레닌 석상의 뒤. 사방은 고요하고 쓸쓸하다. 20세기를 혁명의 용광로로 만들었던 그는 한 세기를 맞기도 전에 그의 조국을 포함해 지구상의 모든 곳에서 배척당하고 있다. 빛바랜 역사의 조각이 된 그의 석상 뒤 틈새로 씨 하나가 날아와 자리를 잡고 싹을 틔웠다. 나무가 되어 그늘을 드리우라.

Tour Tip

아바나 남쪽으로 20km 떨어진 레닌공원(Parque Lenin)은 면적만 670헥타르(200만평)로 쿠바에서 가장 큰 공원이다. 공원 안에는 레닌의 기념상과 시에라 마에스트라 시절부터 피델 카스트로를 보좌했던 셀리아 산체스(Celia Sanchez)의 기념탑이 있다. 600헥타르의 국립식물원, 동물원과 승마장, 호수가 함께 있다.

의료

Medical Service

의료서비스 Medical Service

쿠바에서 의료는 교육에 뒤이어 두번째로 중요한 위치를 차지하고 있다. 국민총생산(GDP)의 7퍼센트 이상을 의료에 지출하고 있으며, 교육과 함께 쿠바혁명의 자부심을 대표한다. 유아사망률, 예방의학, 1차 진료, 평균수명, 의료연구, 바이오테크놀로지의 발전 등의 지표에서 나타나는 괄목할 만한 수치들은 그 자부심을 뒷받침하고 있다.

우수한 의사

엄격한 교육을 거쳐 양성된다. 일반의는 7년의 교육과정과 병원 배치 후 훈련과정을 거친다. 전문의는 3년의 추가과정을 이수해야 한다. 쿠바의 의사들은 미국의 의사들에 비해 뒤떨어지지 않는 것으로 보고되고 있다.

인구 1만명당 의사의 수

국가	1992년	1997년
니카라과	5.56	9.19
미국	87.78	97.20
베네수엘라	7.44	6.44
칠레	4.1	4.72
코스타리카	9.46	10.91
쿠바	68.07	67.76

인구 1만명당 치과의사 수

국가	1992년	1997년
니카라과	1.24	1.86
미국	6.26	5.98
베네수엘라	3.94	5.71
칠레	3.82	4.15
코스타리카	3.76	3.94
쿠바	7.45	8.45

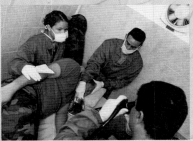

아바나의 라틴아메리카 의대   베네수엘라에 파견된 쿠바의사들

예방의학

예방의학을 적극적으로 도입함으로써 의료비용을 절감하고 있다. 예방의학의 중추를 이루는 1차 진료기관은 10~20 가정을 담당하고 가정의의 역할을 수행하고 있다. 중요한 것은 대부분의 쿠바인들이 평생 같은 가정의와 함께 지낸다는 것이다. 가정의는 담당 가정에 대해 지속적으로 병력을 관리할 수 있다.

모든 지역에 의료인력을 배치함으로써 효율적인 의료교육을 실시하도록 하고 있다. 담배와 알코올에 대한 보건교육 등이 일상적으로 이루어지고 있다.

자립적 의료산업의 건설

의료장비와 의약품 등의 수출의존도를 줄이기 위해 GDP의 12퍼센트가 과학기술 연구분야에 지출되고 있다. 초국적 의약의료복합체로부터 독립적인 예외적인 국가에 속하고 있다. 산업적 형태로 인터페론을 생산하는 유일한 제3세계 국가이다.

항암, 에이즈 등의 분야에서 세계 최고 수준의 의약품 개발이 이루어지고 있다.

쿠바에서 의료는 교육에 뒤이어 두 번째로 중요한 위치를 차지하고 있다. 국민총생산(GDP)의 7퍼센트 이상을 의료에 지출하고 있으며, 교육과 함께 쿠바혁명의 자부심을 대표한다. 유아사망률, 예방의학, 1차 진료, 평균수명, 의료연구, 바이오테크놀로지의 발전 등의 지표에서 나타나는 괄목할 만한 수치들은 그 자부심을 뒷받침하고 있다.

보건분야

의료분야의 괄목할 만한 성취에도 불구하고 삶의 질과 관련된 '보건'분야에 있어서 부정적이다. 주택, 도시환경, 영양섭취 등에 있어서 의료분야의 수준에 못 미치고 있다. 특히 90년대 비상시기 선포 이후 악화되기도 했다.

쿠바의료의 라틴아메리카와의 협력

라틴아메리카 최고의 의료수준, 풍부하고 우수한 의료인력은 쿠바의 국가적 지원 아래 라틴아메리카와 협력관계를 발전시키고 있다. 라틴아메리카 대부분의 국가들에서 의료복지의 수준이 낮고 광범위한 빈곤층들이 의료혜택에서 소외되어 있는 현실에서 쿠바는 기회가 있을 때마다 의사와 의약품의 지원을 아끼지 않았으며 적잖은 성과를 거두어 왔다.

대표적인 성과는 2000년 무역협정 이래 베네수엘라에 1만 4천여 명의 의사를 파견한 것을 들 수 있다. 차베스의 집권 이래 상류계층인 의사들은 반정부 태도를 노골화했고 의사들이 참여하지 않는 가운데 차베스의 의료개혁 또한 성과를 거둘 수 없었다. 2000년 무역협정은 베네수엘라가 원유를 공급하는 대신 결재의 일부를 의료인력과 기타인력으로 대신할 수 있었던 협정으로 라틴아메리카의 국가간 협력관계에 있어서 새로운 이정표를 마련했다. 쿠바와 베네수엘라는 이런 협력관계를 바탕으로 라틴아메리카의 다른 나라들과의 협력관계를 증진시키고 있다.

'기적의 수술(Operación Milagro)' 프로젝트는 수술을 받지 못하는 라틴아메리카의 시각장애인들을 쿠바로 초청해 수술 받게 하는 프로젝트로 베네수엘라가 자금을 지원하고 쿠바가 의료시설과 인력을 지원하고 있다.

쿠바는 또한 빈곤층 출신으로 돈이 없어 의료전문교육을 받을 수 없는 세계 각국의 학생들을 입학시켜 의료교육을 시키는 의료인력양성학교를 운영하고 있다. 1998년 문을 연 아바나의 라틴아메리카 의과대학(Escuela Latinoamericana de Medicina)은 2005년 1,500명의 첫 졸업생을 배출한 이래 특히 라틴아메리카와 아프리카의 의사가 되고자하는 빈곤층 출신의 학생들에게 큰 희망을 주고 있다. 첫 졸업생 중에는 미국의 저소득층 출신의 학생도 포함되어 있어 이채를 띠었다.

신생아 1천명당 유아사망률

국가	1960년	1970년	1980년	1990년	1996년	2002년
니카라과	131	98	80	52	41.2	35.7
미국	25	18	11	8	7.8	6.8
베네수엘라	73	49	34	23	21.4	18.9
칠레	109	68	24	14	13.0	11.6
코스타리카	81	53	19	14	12.4	10.9
쿠바	59	38	17	10	8.0	7.3

평균수명

국가	합계		남성		여성	
	1998년	2002년	1998년	2002년	1998년	2002년
니카라과	68.4	69.11	66.0	67.2	70.8	71.9
미국	76.8	77.5	73.5	74.6	80.2	80.4
베네수엘라	72.9	73.3	70.1	70.9	75.8	76.7
칠레	75.4	75.6	72.4	73.0	78.4	79.0
코스타리카	76.9	76.7	74.6	75.0	79.3	79.7
쿠바	76.1	76.4	74.3	74.8	78.1	78.7

에 필 로 그

"승리할 때까지 Hasta la victoria Siempre "

체 게바라가 볼리비아로 떠나면서 남긴 이 한마디는 1968년 세계혁명에서
전세계 젊은이들의 가슴에 불을 지폈다. 전세계 주요도시의 거리에는
체 게바라의 사진과 이 구호가 물결을 이루었다.

나는 산타 클라라의 체 게바라 기념탑을 보면서 돈키호테를 떠올렸다.
혁명은 돈키호테를 필요로 한다. 혁명을 가로막고 있는 것은
거대한 풍차이기 때문이다.

혁명은 또한 판초를 요구한다.

살아남은 자로서 피델 카스트로는 판초가 되었던가.

1967년 볼리비아에서 체 게바라를 살해한 자들은 그의 손목을 잘라 쿠바로 보냈다. 혹여 믿지 않을 것을 우려한 친절이었다. 디엔에이 검사 따위가 그때에도 가능했는지 모를 일이지만 어쨌든 쿠바는 체 게바라의 죽음을 인정했다. 하긴 볼리비아의 독재정권은 외신까지 불러 사진을 찍도록 했으니까. 쿠바는 죽은 체 게바라의 유해를 원했지만 그의 시신은 이미 밀림 속 어딘가에 암매장된 후였다.

1997년, 10여 년에 걸친 쿠바와 아르헨티나의 공동조사반에 의해 17구의 시신이 발굴되었다. 그 중 손목이 없는 뼈가 체 게바라였다. 17구의 뼈들은 1987년에 세워진 산타 클라라의 기념탑 아래의 묘로 옮겨졌다. 체 게바라의 뼈 역시 그가 태어난 아르헨티나가 아니라 쿠바로 돌아왔다. 38개의 비석 중에서 주인이 없었던 17개의 비석이 주인을 맞았다. 모두 실패한 혁명의 주인

공들이었다.

천정이 낮고 어두운 묘 안으로 들어가자 38명의 이름이 새겨진 벽을 볼 수 있었다. 체 게바라의 것은 튀어나온 데에다 얼굴 부조까지 만들어 두었다. 그 안쪽으로 영원의 불꽃이 작은 화염을 토해내며 타고 있다. 온전히 뼈가 돌아와 맞추어졌으니 그는 지금 이 어두운 묘 안에서 안식하고 있는 것일까. 고향으로 돌아왔으니 그들 모두 편안해진 것일까.

뼈들이 나지막이 휘파람 소리를 내며 등을 밀었다.
그들의 영혼이 숨 쉬고 있는 묘의 밖,
뜨거운 태양이 달구고 있는 광장과 거리로.

교살된 모든 혁명에게.
박물관에 모셔진
모든 혁명들에게.

혁명이란 영구한 것임을
적의 이름으로, 발전의 이름으로,
탐욕의 이름으로 부정해 버린 자들에게 주는
가장 소박한 진리 한 점.

'모든 거리에 혁명을 En Cada Barrio Revolución'

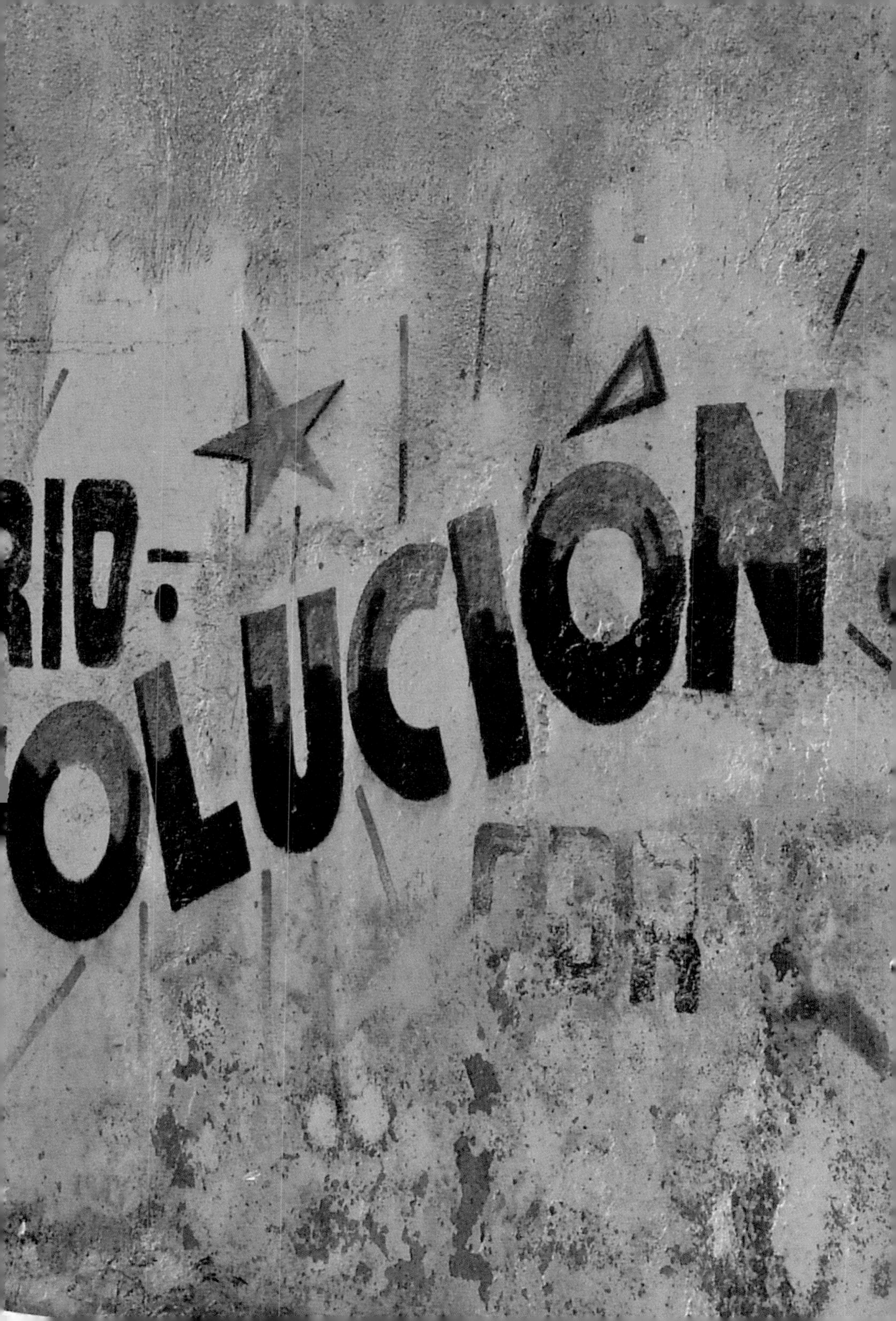
RIO-
OLUCIÓN

산타 클라라의 체 게바라 기념비와 묘를 품고 있는 광장